人には聞けない

恋愛心理学入門

A GUIDE TO LOVE PSYCHOLOGY

渋谷昌三
SHOUZOU SHIBUYA

かんき出版

はじめに

人間は恋をする生きものです。

心がときめいたり、胸が苦しくなったり、ちょっとしたことに一喜一憂したり、嫉妬や喧嘩で心を痛めたり……人間として生まれた私たちにとって、恋愛はいつの時代でも大きな関心事です。

なぜ、人は恋をするのでしょうか。
男性と女性のすれ違いは、どこで起こるのでしょうか。
恋がうまくいく人とそうでない人は、何が違うのでしょうか。

じつは、男性・女性の心には法則があります。
心の移ろいも、男と女の真理も、心理学で説明できる部分がたくさんあります。

本書は、男女それぞれの心のメカニズム理論から、実生活で役立つ実践テクニックまで、幅広く紹介した恋愛心理の解説書です。男性・女性それぞれの心の特徴、しぐさでわかる人の心理、すれ違いの心理、恋愛成就の秘訣など……現代を生きる男性・女性が読んでためになる内容を厳選しました。

心理学の知識を知っているだけで、驚くほどさまざまな人の心の有り様が見えてきます。

恋心を知ることは、まさに人間を知ることといえるでしょう。本書の恋愛心理学の知識を活用して、実生活に生かしていただければ幸いです。

２０１２年　３月　渋谷昌三

人には聞けない
恋愛心理学入門

Contents

目次

第2章 男性の心のメカニズム

第3章 女性の心のメカニズム

第4章 しぐさ・ふるまいでわかる心理学

第5章 すれ違いの心理学

第6章
恋愛を成就・継続させる心理学

カバーデザイン　井上新八
本文デザイン　ホリウチミホ
イラスト・DTP　石山沙蘭

第1章

恋心はどうして生まれるの？

Contents

人はどうして恋をするのか

恋愛の色彩は6色ある

なぜ、私たちは恋をするのでしょうか。

誰かを想って胸が苦しくなったり、心がときめくこともあれば、片想いや失恋で立ち直れないほど落ち込むこともあります。さまざまな思いを抱えながらも、人は恋をすることを繰り返します。

恋愛というと、スタンダールの『恋愛論』が有名です。「ザルツブルグの小枝」の中で、塩を採掘した廃坑に黒い枯れ枝を投げ込むと、2ヵ月後にはキラキラ輝く真っ白な結晶に覆われるというたとえを用いて、恋愛の結晶作用と唱えています。これは、恋愛は、すべてのものを白く輝かせてくれる一方、ちょっとしたことで結晶が砕け散るはかないものという意味を表しています。

私たちが恋に焦がれるのは、一時でも、こうした美しい夢を見たいからなのかもしれませんね。

心理学者J.A.リーは恋愛の色彩理論を提唱しています。献身的な愛、遊びの愛、狂気の愛、実利的な愛、耽美的な愛、友愛的な愛といった6原色が、さまざまな恋愛の色彩をなしているというのです。この考え方が恋愛心理学の基礎になっています。

「人はどうして恋をするのか」という問いへの答えはひと言では説明できませんが、「人がどのような恋をするのか」については、昔から多くの研究がなされています。数々の実験を通して、どのようなことが明らかになってきたのでしょうか。

本書では、恋愛という奥深いテーマを、心理学の観点から追っていきましょう。

恋愛の色彩理論

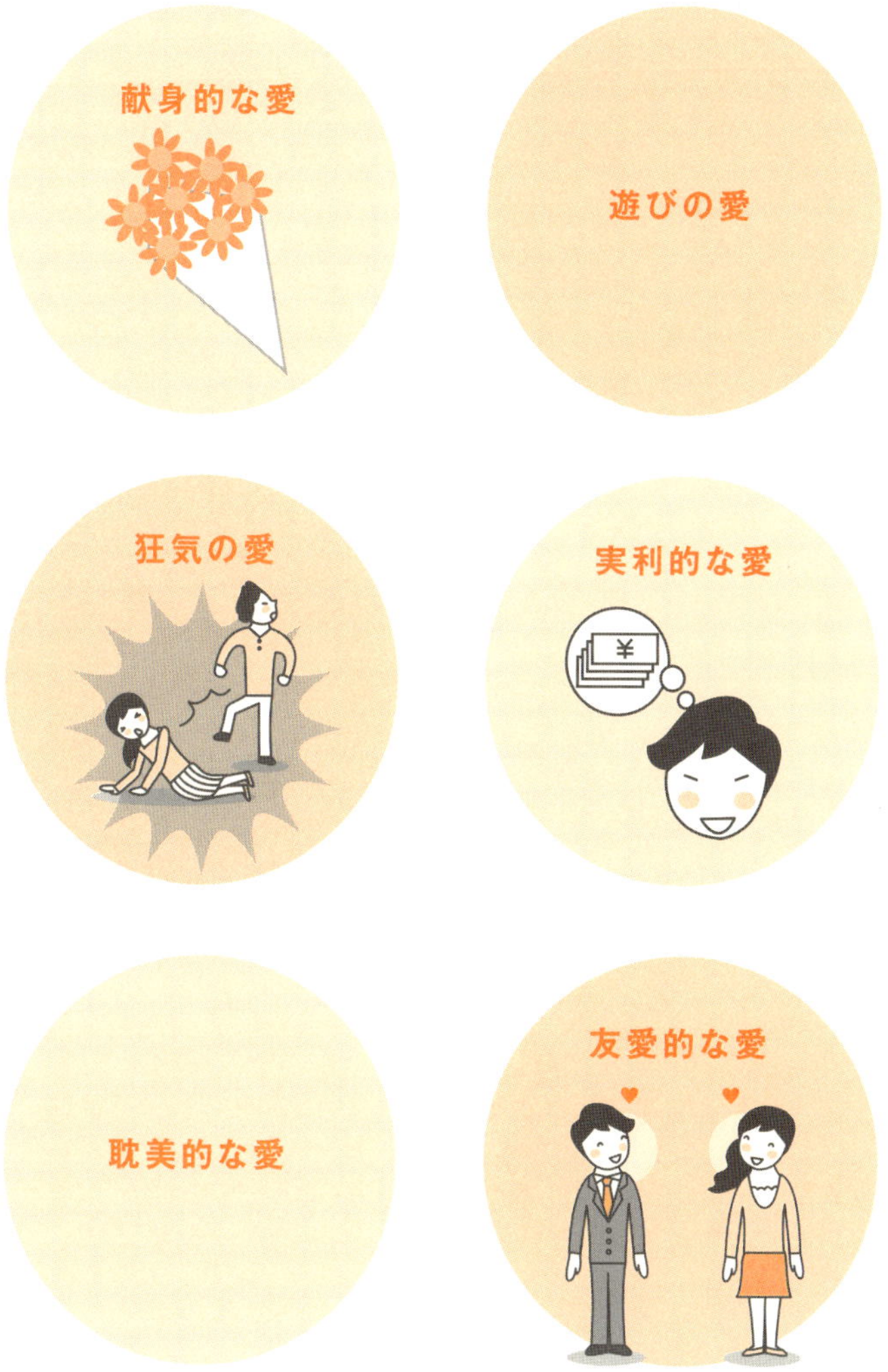

この6原色が、恋愛心理学の基礎となっている

恋心は人間の本能的な欲求

恋心は人間誰もがもっている欲求

そもそも、人は「誰かを愛したい、誰かに愛されたい」ということを自然に欲する生きものです。人のもっているこの欲求を「愛情欲求」といいます。

アメリカの心理学者**マズロー**は、人間の欲求にはいくつかの発達段階があるという**欲求の発達階層説**を提唱しました。

これには5つの段階があり、一つの欲求が満たされると、次の欲求を抱くというものです。

一番はじめに起こるのは食欲、睡眠欲、排泄欲などの「生理的欲求」です。それが満たされると、身のまわりの安全や安定を確保したいという「安全欲求」が生じます。それが満たされると、3段階目の「愛情欲求」と「所属欲求」が生じます。

家族や仲間との情緒的な人間関係が豊かであり、それらの人たちに自分を受け入れてもらいたいとの欲求と家庭や職場に所属して安定な生活を送りたいとの欲求です。

恋愛は多くの本能的欲求を満たしてくれる

恋愛は5段階のすべての欲求に関係した欲求といえますが、とくに、3段階目の愛情と所属の欲求を満たすことができます。

「好きな人を愛し、好きな人から愛され、そして二人で一緒に行動し、生活する」という欲求を満たしてくれるのが恋愛の力なのです。

マズローの発達階層説

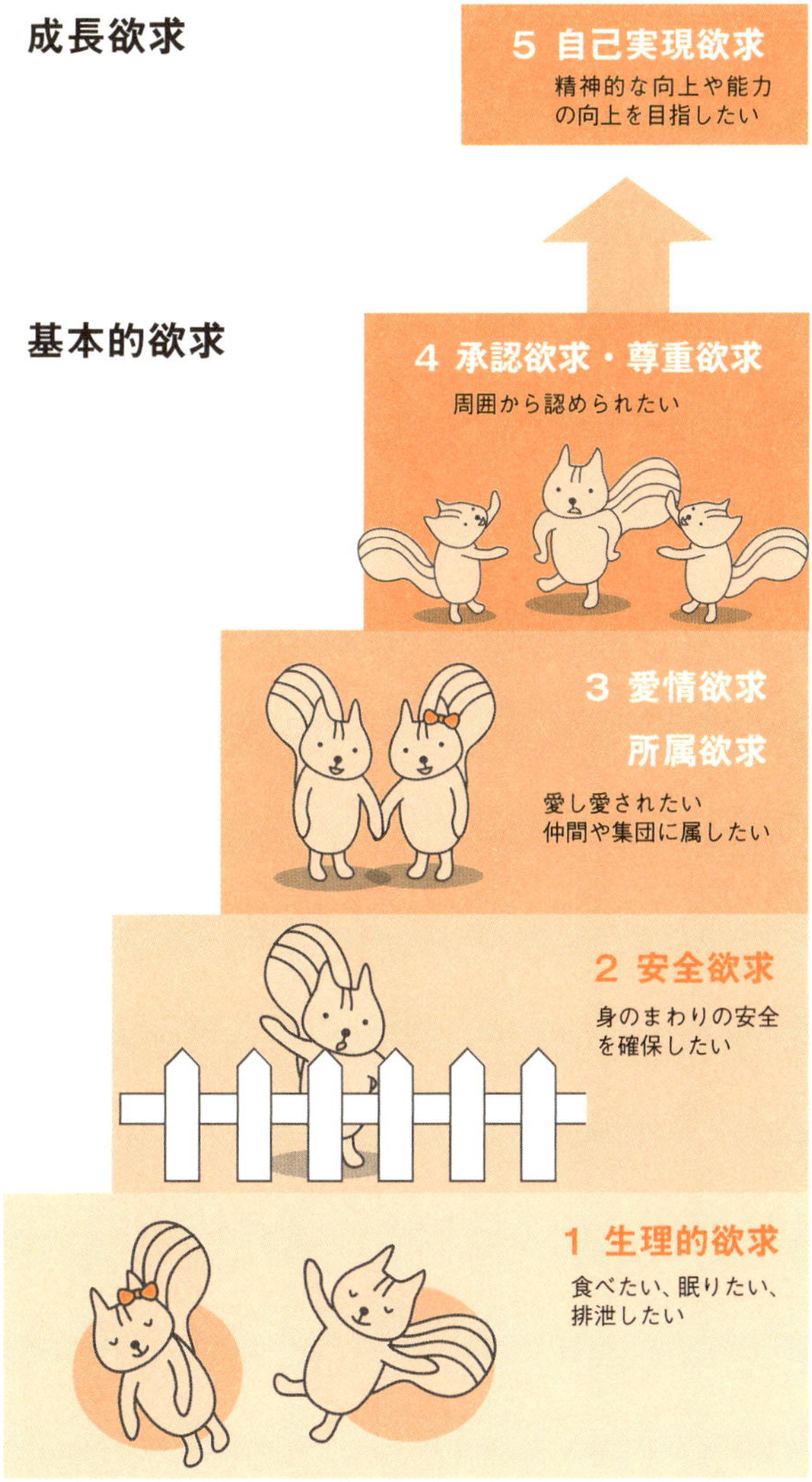
成長欲求
5 自己実現欲求
精神的な向上や能力の向上を目指したい
基本的欲求
4 承認欲求・尊重欲求
周囲から認められたい
3 愛情欲求
所属欲求
愛し愛されたい
仲間や集団に属したい
2 安全欲求
身のまわりの安全を確保したい
1 生理的欲求
食べたい、眠りたい、排泄したい

異性が気になるのは性衝動と大人へのあこがれ

成熟した大人になろうとする欲求が恋心を生む

思春期になると、父親や母親に向けられていた愛情が、親以外の異性へと向けられるようになります。いわゆる親離れの時期です。そして、親以外の異性に向けられた愛情が、恋愛へと発展していくのです。

この時期に生まれる恋愛感情には、性的成熟にともなう性衝動が影響しています。

これは、生物学的に考えれば当然のことです。動物は種を維持させるためにさまざまな求愛行動をとりますが、人間の恋愛も、これに類する行動であるといえます。

そしてもうひとつ、恋をする理由があります。それには、自我が形成される段階において、成熟した大人になろうとする欲求が高まることが関係しています。そのため、自分にはない魅力をもつ異性への関心が高まり、自分に足りないものを補っていこうとする意識が生まれるのです。

こうして、男性も女性も、自分にとって魅力度の高い異性を恋愛の対象として見つけ出します。左ページの表にあるように、何に魅力を感じるかは、恋愛の進展とともに変化していきます。

青年期は思い込みの恋も生みやすい

青年期は、性的成熟にともなう生理的変化が起きやすい時期です。そのため、ちょっとした刺激で鼓動が速くなったり、赤面したりします。また、性ホ

さまざまな要因がからみあって恋愛が深まる

恋愛の進行	対人魅力の要因
出会い	外見的魅力 / 社会的評価 / 感情的不安定さ / 近接性
↓	単純接触（24ページ参照）の効果 / 性格の好ましさ
進展	態度や性格の類似 / 好意の表明
↓	外からの妨害や脅威
深化	お互いの役割の相補性 / 周囲との役割的適合

恋愛の進行と対人魅力を規定する要因（松井豊,1987）

ルモンの分泌も盛んになるため、性衝動も高まりやすくなります。

このような生理現象は、思春期にはじめて起こるため、本人が原因を見定めるのは難しいものです。ですから、会ったときにドキドキした相手を好きなのだと思い込むような「**錯誤帰属**」を起こしやすくなるといえます。錯誤帰属とは、自分の体験に間違った意味づけをしてしまうことです。

若いころの恋愛が「恋に恋する」「ひと目ぼれ」「盲目」などといわれる原因は、このためです。

恋に恋をする時期を経て、大人になっていくんだよね

恋は第一印象で決まる!?

恋のチャンスは第一印象次第!?

あなたは、第一印象で恋に落ちますか？

それともじっくりと好きになっていくタイプでしょうか？

じつは、第一印象は、驚くほど人に影響を与えます。はじめて会ったときの印象の良し悪しで、恋に落ちるかどうかも変わってくるということです。

ですから、あなたが恋の機会を得たいと思うなら、「**初頭効果**」を意識しましょう。

初頭効果とは、はじめて会ったときの第一印象が、その後の全体の印象を決めてしまうことをいいます。

ここで、ある心理実験で証明された例をあげます。

恋に奥手な人こそ初頭効果を意識しよう

ひとりの人に2通りの人物を演じて話をしてもらい、これを2つのグループで行いました。ひとつのグループでは、あたたかく、好感のもてる振る舞いをし、もうひとつでは、冷淡で横暴で、口やかましい振る舞いをしてもらったのです。

すると、後者のグループにいた人は、その人物について「容姿や癖や言葉のなまりなどが好ましくない」と評しました。

どんな人物を演じても、容姿や癖やなまりなどは、本来は変わらないはずですが、2つ目のグループの被験者たちは、そこを好きになれないと指摘したのです。

恋のチャンスを得たいなら第一印象で勝負

はじめの印象がよければ、好印象が後まで続く
どう見られたいかをしっかり明確に

恋が生まれるかどうかは最初の印象次第

つまり、一度悪い印象をもたれると、すべてが嫌われてしまう――それほど、初頭効果の影響は大きいということです。

恋の機会を得たいと思うなら、第一印象で相手からどんなふうに見られたいか、好感をもってもらえる工夫をすることをおすすめします。

「一瞬の印象が、一生続く」ともいうよ

会えば会うほど好きになる心理

嫌いでない人に繰り返し会うと惹かれてしまう

はじめて出会ったころは何の感情も抱かなかった人でも、繰り返し会っているうちに、いつの間にか好きになってしまうことがあります。

あなたにも、心あたりはありませんか？

こうした現象のことを「**単純接触の原理**」といいます。

アメリカの心理学者**ザイオンス**は、ある実験によって、この原理を証明しています。

その実験では、大学の卒業アルバムの中から抜き取った10枚の写真を被験者に見せ、それぞれの写真の人物についての好意度を調べました。

ただし、10枚の写真のうちの2枚を2回、2枚を5回、2枚を25回、繰り返して見せたのです。

その結果、見せられた回数の多かった写真の人物ほど被験者の好意度が高くなるということがわかりました。繰り返し見せられたものを好きになるという法則は、人に対してだけではなく、漢字や無意味な文字についても当てはまることが実証されています。

実際には、会えば会うほど相手をかならず好きになるというわけではありません。

この原理が成り立つのは、第一印象が悪くなかった場合に限られます。

はじめに否定的な印象をもたれてしまうと、会えば会うほど嫌われてしまう可能性も高くなるという実験結果もあります。

誰かと親しくなれるかどうかの決め手は、第一印象次第ということですね。

単純接触の原理

好感度をはかる実験では、人物写真や漢字や文字など、繰り返し見せられたものを好きになる被験者が多かった

人は繰り返し見せられたものに好意を抱くということが判明

でも、第一印象が悪かったら意味がないというのが、ちょっぴりせつないね

Column

「好き」と言えない理由とは

好きだと言えないのは傷つきたくないから

好きな人を目の前にすると、どう振る舞っていいのかわからなくなってしまったり、態度がぎこちなくなってしまう人がいます。中学生や高校生の年代には、よくみられる現象ではないでしょうか。

このように、好きな人の前で行動が制限されてしまうのは「**社会的評価に関わる懸念**」といって、相手に自分がどう評価されるかわからず、不安を抱えてしまうからです。「こんなことをしたら嫌われてしまうのではないか」と自尊心が傷つくのを恐れるあまり、萎縮してしまい、「好き」だと言えなくなってしまうのです。

経験を重ねるにつれて懸念は薄れていく

相手との付き合いが長くなると、ある程度、相手の行動を予測できるので不安がなくなり、自然体で振る舞えるようになっていきます。

また、経験を積み重ねてきた人は、ちょっとしたことでは自尊心が傷ついたりはしません。

不安になることもないので、若い頃に比べると、好きな人の前でも堂々とした行動がとれるようになります。

相手に「好き」だと言えるかどうかは、自分の経験次第ともいえるでしょう。

慣れが必要だというのは、恋愛にもいえることなんだね

自信をなくしたとき、人は恋に落ちやすい

対象外だった人も輝いて見える

自分に自信をもっているときより、自信を失っているときのほうが、出会った人に好意を抱きやすいという法則があります。

これは、ある実験で明らかになったことでした。実験では、若い女性の被験者を2つのグループに分けて性格検査を行い、検査後に男子学生がデートに誘います。その後、一方のグループには自己評価を高める内容を伝え、もう一方のグループには自己評価を低める内容を伝えます。こうした状況で男子学生に対する好意度を調べました。

すると、自己評価を低めるテスト結果を聞いた女性のほうが、男子学生に対する好意度が高くなることがわかりました。

自己評価が低くなると、今までは考えてもみなかった男性にも好意を抱いてしまうというわけです。失恋した直後に別の男性と結婚してしまうケースなどは、失恋で自己評価が低くなっていることとも関係しているのかもしれません。

自分の状況次第で恋への意気込みも変わる

恋愛に対して積極的になれるかどうかは、**誘発性**の強さも関係しています。恋愛に対する誘発性の強さは自分にとって相手が魅力的かどうかで決まります。相手が魅力的なら正の誘発性が生じて積極的になりやすいのですが、自分に恋人がいる場合は、負の誘発性が生じるので、積極的にならないということです。

誘発性…ある対象がもつ、人を引きつけたり、避けさせたりする性質のこと

恋のチャンスは失恋直後に生まれやすい!?

ごめん、
ほかに好きな人が
できたから…
失恋をしてしまったときや、自信を失っているときのほうが、恋に落ちやすくなる
この人、
素敵かも
自己評価が低くなると、それまで対象外だった人も、恋愛対象に変わりやすい

恋が生まれるかどうかは自分の状況次第

誰かを生理的に嫌う理由とは？

相手の嫌いな部分を自分自身ももっているから

「あの人のことは生理的に嫌い」という言い方をすることはありませんか？

誰かを好きであったり嫌いであったりすることには、多くの場合、理由があるものですが、説明のつかないケースもありますね。

とくに、相手に対して「嫌い」という感情をもつと、その相手のことを考えることさえ嫌になるものです。

つまり、なぜその人のことが嫌いなのかを考えることさえ放棄してしまいます。

そこから私たちは〝生理的に〟という表現を使うのです。

〝生理的に〟嫌うのは自分の尊厳を守るため

心理学的に説明すると、相手を生理的に嫌う理由として考えられるのは、相手の嫌な面を自分自身ももっているということです。

相手は自分自身の鏡のような存在で、自分の見たくない一面を、相手に見つけてしまう。だから目をそむけたくなるのです。

あるいは、自分が達成できない面を相手がもっているということもあります。

論理的に突き詰めると、自分自身の尊厳が失われてしまうように感じるので、それを避けるために、私たちは〝生理的に〟という表現を使ってしまうのです。

人は自分の鏡

〝生理的に〟嫌いな相手がいるのは…

自分が達成できない面を
相手がもっているから
相手の嫌な部分を自分
自身ももっているから

自分の尊厳を守るため、考えることを放棄し
〝生理的に〟嫌いという表現を使ってしまう

人は分相応の相手を選ぶ

マッチング仮説

つりあいのとれた男女は、カップルになりやすいという「**マッチング仮説**」というものがあります。この仮説はどのような場合に成り立つのでしょうか。アメリカの心理学者**キースラー**たちは、次のような実験をしました。

まず、知能テストと称して男子大学生を集め、そのテスト結果に実験者が非常に満足しているという印象を与える「高自己評価グループ」と、出来の悪さに実験者が立腹しているという印象を与える「低自己評価グループ」に分けました。

そして、テスト後のコーヒー・ブレイクに、実験者と被験者は小さな売店に行きます。そこには、実験者の知人らしい女性がひとりいます。じつはこの女性はサクラで、服装やメイクを変えて、非常に魅力的に見せたり、逆に魅力的でない風貌に見せたりします。

実験者は、この2人を引き合わせた後、少し席をはずします。このとき、被験者がこの女性に電話番号を聞いたり、デートを申し込むかどうかを見るのが、この実験の狙いでした。

自己評価の高さで相手を選ぶ

この結果、「高自己評価グループ」にいた被験者は、女性が魅力的に着飾っているときに、「低自己評価グループ」にいた被験者は、女性が魅力的でない風貌のときに、そうした行動を多くとりました。

恋人選びは自己評価次第

自己評価が低い人は、魅力的でない風貌の女性を選んだ
自己評価が高い人は、魅力的な風貌の女性を選んだ

自己評価の度合いで、人は相手を選んでいる

人は、相手が魅力的なほど惹かれるものですが、実際には自己評価の高さの度合いや、相手から拒否されるのではないかという恐れから、結局は自分に見合った相手を選ぶということがわかります。

魅力的な人を恋人にしたいなら、自己評価を上げることが必要ともいえます。

自己評価が低い人は、拒否される恐怖感も強いよ

Column

恋は障害があるほうが燃え上がる

ロミオとジュリエット効果

親の反対が、逆に恋人同士の愛情を高める可能性があるという心理を「**ロミオとジュリエット効果**」と呼びます。

たとえば、外国の研究ですが、同じ宗派内の人同士で結婚したカップルと、異なる宗教の人同士が結婚したカップルとの愛情得点を比べてみたところ、異教徒同士のカップルの愛情得点のほうが高かったという調査結果があります。異教徒同士の場合、周囲の反対が強かったので、かえって結婚後は愛情が高まったと考えられます。

本物の愛かどうかを見極めよう

もちろん、周囲の反対があまりにも強すぎて恋愛が実らないケースもあります。また、反対を押しきって成就したにもかかわらず、その後急速に破局に至るというケースもあります。これは、周囲の反対に対抗する情熱を、相手への愛情の強さと勘違いしたために起こるものです。

障害のある恋愛をする場合、長く続く関係をもちたければ、それが本物の愛なのかどうか、見極めることが必要なのかもしれません。

結婚を考えている相手なら、なおさらしっかり見極めよう

恋をすると甘い気持ちが生まれる

好きになると優しくなれる

恋愛は華奢なグラスのようなものだといわれることがあります。美しいけれど、とても壊れやすい。つまり、常に崩壊の危機をはらんでいるのです。

ですから、人が好きな人に優しくなるのは、恋愛を壊さないようにするため、という理由が一つあります。華奢なグラスのような恋愛を壊さないように、相手を大切に扱うようになるでしょう。

恋をすると優しくなれるというのは、当然のことなのです。

また、恋をすると「相手に尽くしたい」という気持ちも湧いてくるものです。好きな人に何かあれば、どんなことをしても助けたいと思ったり、好きな人の役に立つことなら、何でもしようと考えるようになります。

素顔の自分を見せられるようになる過程

関係性が深くなってくると、相手が弱みを見せてくれたり、逆に自分の弱みを相手に見せられるようになったりします。

互いの信頼関係が築かれてきたとき、人は安心して自分の弱みをさらけ出すことができるのです。

いつもは自分の弱みを見せない人が、ふと弱みを見せたなら、相手に対する愛情や信頼が深くなった証だととらえるようにしましょう。

素顔の自分をお互いに見せ合い、受けとめあうことができると、恋愛はいい形で発展します。

恋愛は華奢なグラスのようなもの

恋愛は美しいけれど
とても壊れやすいもの

恋をすると、相手に尽くしたいという気持ちも湧いてくる

互いの信頼関係が築かれてきたとき、
人は安心して弱みをさらけ出せるようになる

恋愛で信頼関係を築くにも、段階があるんだね

恋をすると苦しみも生まれる

LIKEがLOVEに変わると苦しみが生まれる

心理学者のルービンは、相手を好ましいと思う感情を「好意・LIKE」と「恋愛・LOVE」に分けて、それぞれの尺度をつくりました。

それが左ページの表です。好意尺度に比べると、恋愛尺度に並ぶ感情は、明るいものばかりではありません。

たとえば、「一緒にいられなければさみしい」「会えなくなったらみじめな気持ちになる」など……好意を抱くだけでは生じなかった感情が、恋愛することで生じてくるのです。そのほかにも、さみしい、つらいという気持ちだけでなく、嫉妬や不安も感じるようになってくるでしょう。

多くを望むとつらくなる

また、恋愛には到達点や目的地がないというつらさもあります。恋愛をしていて「ここで満足」という状態が訪れることはほとんどありません。

たとえば「もっとその人のために何かしてあげたい」「もっと独占したい」「もっと愛されたい」などと思うわけです。こう考えてみると、恋愛は楽しいばかりの関係ではないことがよくわかります。

まわりからは幸せそうに見える恋人たちも、現実には恋する苦しみを抱えているのです。

あなたに親しくなりはじめた異性がいる場合、「好意尺度・LIKE」「恋愛尺度・LOVE」のどちらに多くチェックがつくのか、ぜひ試してみましょう。

好きと愛するは違う感情

	好意尺度（LIKE）		恋愛尺度（LOVE）
01	○○さんと一緒だと、いつも息がぴったり合う	01	もし○○さんが元気がなさそうだったら、私は何をおいても励ましてあげる
02	○○さんはとても適応力のある人だと思う	02	私は○○さんに対してなら、何でも打ちあけられると思う
03	○○さんなら責任のある仕事に強く推薦できる	03	○○さんに欠点があっても、それを気にしないでいられる
04	○○さんはとてもよくできた人だと思う	04	○○さんのためなら、何でもしてあげられるつもりだ
05	○○さんの判断のよさには全幅の信頼をおいている	05	○○さんを一人占めしたいと思う
06	○○さんと知り合いになれば、すぐに○○さんを好きになると思う	06	もしも、○○さんと会えなくなったら、ひどくみじめな気持ちになるだろう
07	○○さんと私はお互いによく似ていると思う	07	さびしくなると、私は、すぐに○○さんに会いたくなる
08	クラスやグループで選挙があれば私は○○さんに投票するつもりだ	08	私にとってもっとも大事なのは、○○さんの幸せである
09	○○さんはみんなから尊敬されるような人物だと思う	09	○○さんのすることならどんなことでも許せる
10	○○さんはとても知的な人だと思う	10	私は○○さんを幸せにしてあげたい
11	○○さんは私の知り合いの中でもっとも好ましい人物だと思う	11	○○さんと一緒にいるときは、相手を見つめていることが多い
12	○○さんのような人物になりたいと思う	12	○○さんから打ちあけ話をされたら、うれしくて仕方ないだろう
13	○○さんは賞賛の的になりやすい人物だと思う	13	○○さんなしに毎日を過ごすことを考えると、つらくてたまらない

相手に対する気持ちが好意なのか恋愛なのかをはかるためにつくられた尺度。好意尺度と恋愛尺度の項目を比べると、恋愛尺度のほうは明るい感情ばかりではないことから、恋愛には苦しみも多いといえる。

LIKING scale＆LOVING scale（Rubin,Z.,1970）

距離を縮めれば、自然と心も近づく

恋人同士のベストな距離は15センチ

一人ひとりがもっている、他人に侵入を拒むエリアのことをパーソナルスペースといいます。

たとえば、満員電車に長時間乗るととても苦痛に感じるという場合、これは自分のパーソナルスペースに他人が入り込んできてストレスを感じているためです。しかし、同じくらい密接な距離で接近していても、相手が恋人であるならば、少しも苦痛を感じないものです。それはなぜでしょうか？

これは、相手によって、許容できるパーソナルスペースの広さが変わるからです。

左ページの表にもあるように、一番上が、もっとも親しい関係の2人がとる距離で、関係性が薄くなるにしたがって、距離（15センチ）も離れていきます。

お互いの関係性と距離感を誤ると、苦痛を感じてしまうのです。

たとえば満員電車で、他人と密接距離まで近づくと、違和感を感じてしまいますし、恋愛対象ではない異性と仕事をするとき、個体距離以上に近づいてこられると、不快感が湧いてきたりします。

パーソナルスペースは、相手との距離を縮めたいときに効果的

このパーソナルスペースは、まだ恋人ではないけれど、もっと親しくなりたいというときに、思いきって縮めてみると効果があるといわれています。それまで保ってきた個体距離を、一気に密接距離まで縮める機会をもってみるとよいでしょう。

パーソナルスペース

密接距離　近接相（0〜15cm）

かなり親しい二人が使う距離

密接距離　遠方相（15〜45cm）

手が届く距離で、親しい二人が使う

個体距離　近接相（45〜75cm）

手を伸ばせば届く距離
恋人や夫婦以外の異性が入ると誤解を招く

個体距離　遠方相（75〜120cm）

お互いが両手を伸ばせば届く距離
個人的な用件を伝えたいときに使う

社会距離　近接相（120〜210cm）

仕事をする仲間との距離にふさわしい

社会距離　遠方相（210〜360cm）

改まった仕事の話などに使われる距離

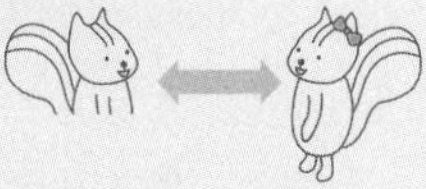

公衆距離　近接相（360〜750cm）

表情の変化はとらえにくいが、簡単なコミュニケーションがとれる距離

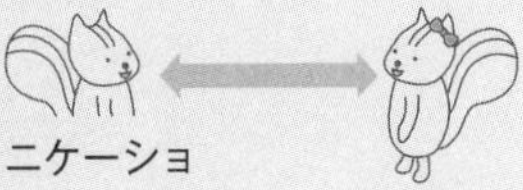

公衆距離　遠方相（750cm 以上）

講演や演説に使われる距離

（エドワード・ホールの分類より）

Column

好きな色で性格がわかる

8タイプの色と性格傾向

あなたの好きな色は何色でしょうか?

好きな色には、人それぞれ傾向があります。

スイスの心理学者**ルッシャー**は、好む色によって性格に違いがあることを発見しました。

また、そのときの気分で、選ぶ色が変わるという実験結果も出ています。たとえば、落ち込んだときには暗めの色を、気分が高揚しているときには明るめの色を選びがちです。

左ページに、それぞれの色と、その色を選ぶ人の性格傾向を紹介しました。

第一印象は、ほとんど視覚からの情報で決まります。状況にあわせて自分の与えたいイメージを考え、色を効果的に使ってみるのもおすすめです。

赤
征服欲・所有欲などの欲望、男らしさを表す色。野心家で、欲しいものを積極的に手に入れようとするタイプ。仕事にも意欲的に取り組むが、興奮すると攻撃的になることも。

青
物静かで女性らしさを表す色。落ち着きがあって誠実、信頼関係を大切にするので周囲にも気配りができる。

黄
明朗さ、活発さを表す色。ほがらかで開放的、大きな夢を追いかけるタイプ。個性的に見られることを望み、無理してしまうことも。

緑
自負心、堅実さ、優越感などを表す色。穏やかで我慢強いタイプ。周囲との調和を心がけるが、必要な場面では冷静に自分を主張できる。

紫
感覚的、神秘的、エロティックなものを表す色。
ロマンチストで感受性の強いタイプ。繊細で個性的、ナルシストな一面も。

茶
家族、家庭、安全性を表す色。温厚で協調性のあるタイプ。人付き合いが上手なので、相談役をつとめることも多い。

灰色
静けさや上品さ、寂しさを表す色。自己中心的で他人に興味がない傾向あり。優柔不断で依存的な一面も。

黒
断念、降伏、拒否、放棄などを表す色。現状を変えようとする強さをもつタイプ。努力家だが飽きっぽい一面も。

あなたと気になる人との相性をはかるチェックテストです。

このテストはアメリカの心理学者シンバーグたちが考案したものをもとに作成しました。

さて、あなたと相手はどれくらい似ているでしょうか?

11 金銭感覚が似ている

12 受けてきた教育環境が似ている

13 2人とも煙草を吸う、もしくは吸わない

14 2人ともお酒を飲む、もしくは飲まない

15 スポーツで同じチームを応援している

16 食べ物の好みが似ている

17 2人とも友人が多い、もしくは少ない

○が5つ以下の場合は、共通点が少ないですね。まだ片想い中で、相手との共通点が少なかったら、相手の好みを調べ、少し同じ方向に目を向けるとよいでしょう。

あなたと相手の相性は？

01 2人のファッションの趣味は似ている

02 一緒にできるスポーツが2人の趣味である

03 出身地が同じ

04 宗教が同じ、または2人とも無信仰

05 愛読書の傾向が同じ

06 好きな作家に3人以上同じ人がいる

07 家族構成がだいたい似ている

08 2人の身長差があまりない

09 性格的な特徴が似ている

10 休日の過ごし方が同じ

解説

似た者同士には恋が生まれやすいものです。同じ価値観をもった2人は、安定したカップルになりやすいといえます。半分以上○がついた2人は、似た者同士なので、長続きする可能性が高いといえます。

第2章

男性の心のメカニズム

Contents

「男の魅力」を感じるところには、男女間に大きなギャップがある

男性が思う「男の魅力」はほとんどが勘違い!?

左ページのイラストは、男性自身が感じる「男の魅力」と女性が感じる「男の魅力」、それぞれをパーセンテージで示したものです。

男性と女性との感覚の違いが明確に表れていると思いませんか？

たとえば、21％の男性が、女性は男性の「たくましい胸と肩」に魅力を感じていると思っているのに対し、実際は1％の女性しか魅力を感じていません。

そのほかに、男性が重要と考えているにもかかわらず、女性の優先順位が低かったものとして「筋肉のたくましい腕」や「ペニスの大きさ」、「背の高いこと」が挙げられました。ペニスの大きさや背の高さなどは、多くの男性が**コンプレックス**を抱きがちな部分ですが、女性は、あまりそこに重要性を感じていないのだということがわかります。

女性がもっとも好むのは小さくてセクシーな尻

では、女性は男性のどこに魅力を感じるのでしょうか？　男性にとっては意外かもしれませんが、圧倒的に多かったのが「小さくてセクシーな尻」でした。男性が4％しか重要視していないのに対し、じつに39％の女性が「尻」を選択しています。

男性は、「男とはペニスが大きくて背が高くなくてはならない」と思い込み、女性は引き締まった尻と腹を男性に求める。これは、男女間にある固定観念の違いが如実にあらわれている部分といえます。

男女で異なる「男の魅力」の基準

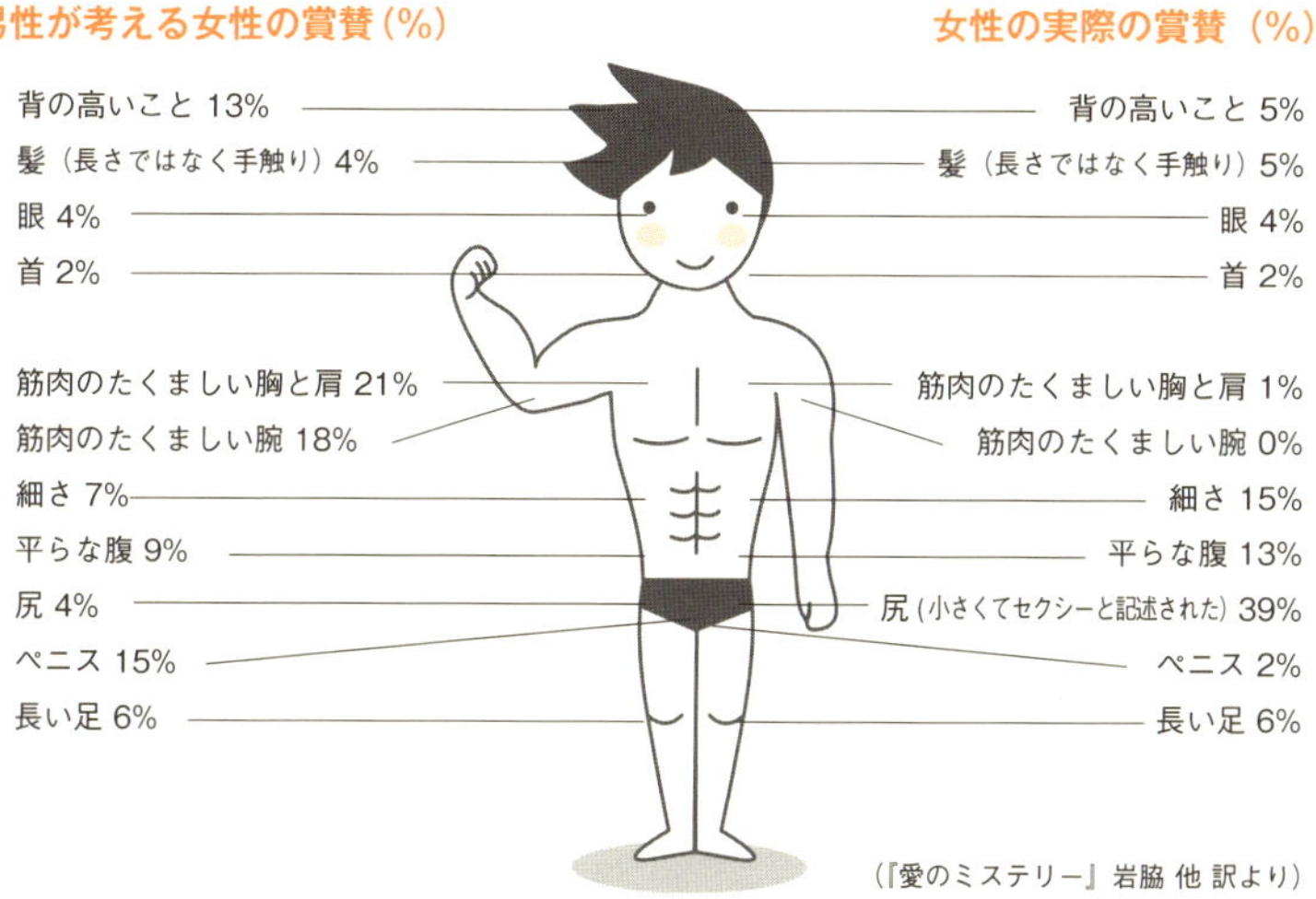
男性が考える女性の賞賛（%）
背の高いこと 13%
髪（長さではなく手触り）4%
眼 4%
首 2%
筋肉のたくましい胸と肩 21%
筋肉のたくましい腕 18%
細さ 7%
平らな腹 9%
尻 4%
ペニス 15%
長い足 6%
女性の実際の賞賛（%）
背の高いこと 5%
髪（長さではなく手触り）5%
眼 4%
首 2%
筋肉のたくましい胸と肩 1%
筋肉のたくましい腕 0%
細さ 15%
平らな腹 13%
尻（小さくてセクシーと記述された）39%
ペニス 2%
長い足 6%

（『愛のミステリー』岩脇 他 訳より）

Column

男性がペニスのサイズにこだわるのはなぜ?

男性がペニスのサイズにこだわるのは、ペニスのサイズで自分自身が測られてしまうことを恐れているからです。つまり、ペニスが大きければ、人格も優れており、仕事もできて女性にも人気があると判断されるのを恐れているのです。

これは**後光効果**《ごこう》※のひとつです。ペニスが男性自身の魅力を測る後光になったのは、男根で外敵や悪霊を追い払うという信仰とも関係があり、「立派なものほど頼りになる」という考え方に端を発しています。

女性が気にしていないにもかかわらず、男性がペニスの大きさにこだわるのは、このような後光効果があるからなのです。

※後光効果…際立って優れた特徴があると、それが後光となって実際より優秀に見えるという効果のこと

Column

男性は見つめられることに弱い

女性には、異性を見つめる癖がある

男性にかわいがられる女性は、どのような人だと思いますか？　それは、相手の話を聞きながら、じっと視線を合わせて笑顔でいる女性です。

女性は、相手の男性に特別な好意をもっているわけではなくても、嫌いでない人には例外なくそうしてしまう特徴があります。

自分が話しているときに、女性からじっと見つめられると、男性は「僕のことを好きなのかな」と大きな勘違いをします。男性の感覚では、じっと視線を送ってくれる異性は恋人しかいないからです。

ですから、好きでもない男性を見つめると誤解を招いてしまいますが、相手が好きな男性ならば、できるだけ視線を合わせるようにするのが効果的です。

好意がある男性には、斜めから時折視線を送る

そうはいっても、まだあまり親しくないうちから、隣りでじっと見つめたり、真正面から凝視したりすると、男性も引いてしまいますので、まずは、相手の視線が届く位置に座りましょう。相手の身体の斜め45度くらいの位置にいて、身体を少し相手からずれた方向にして、時折視線を送る。関係性を築くのがこれからという場合は、それくらいにしておくのがおすすめです。

瞳のきれいな女性が
人気なのもうなずけるね

ロマンチストなのは、女性より男性

男性は女性よりややロマンチスト

男性はよくロマンチストだといわれますが、それは本当でしょうか？

この答えを教えてくれる興味深い調査がありま す。

「ロマンチシズム度数テスト」（次ページ参照）というものがアメリカ・ノースキャロライナ大学にて行われています。男女1000名の結果、各質問項目の最高点が6ポイントであるとき、女性は全項目の平均が4ポイント、男性は平均5ポイントという結果になりました。男性のほうが若干ロマンチストである傾向にあるという結果が出ています。

男性がロマンチストであることは、別れの決断に関する調査からも明らかになっています。

アメリカの心理学者ルービンが、交際中のカップル231組を2年間調査した結果、別れたカップルのほとんどが、女性から別れを切り出しており、男性は直前まで女性の心の変化に気づかず、別れるときにひどく後悔するケースが多かったということです。

これは、女性が男性の庇護のもとで生きていたころからの習慣だといわれています。

現代でこそ、女性は経済的に自立ができる時代になりましたが、ひと昔前までは、女性は未婚のときには父親に、結婚してからは男性に養ってもらわなければならない立場にありました。そんな中で生き残るために、女性は状況判断力を高めてきたのだといわれています。

あなたはロマンチスト？

あなたのロマンチスト度をはかるテストです。
次の質問に「はい」か「いいえ」で答えてください。

01 恋人同士なら、ひとつも隠し事をするべきではない
02 嫉妬しない恋人はいないと思う
03 若い女性は、どんなときでも恋人が紳士的であってほしいと思っている
04 二人が愛し合ってさえいれば、結婚生活はうまくいく
05 真の愛というものは永遠に続く
06 愛があれば社会的地位や年齢の差は関係なく結婚すべきだと思う
07 甘え上手の女性よりも有能な女性のほうが恋人に適している
08 両親の反対を押し切ってまで結婚するべきではない
09 誰にでも好きな人は複数いるが、心から愛せるのはひとりだけだと思う
10 結婚の必須条件は、経済的安定だと思う
11 相手のことを本気で愛していても、不倫はすべきでない
12 結婚は失望をもたらすということを知っておいたほうがいい

1〜6で「はい」を選んだ場合は＋1、7〜12で「はい」を選んだ人は－1、それ以外は0でカウントしてください。

−3以下	とても現実的なタイプ	相手の有能さや収入などを気にする傾向が高い。
−2〜2	やや現実的なタイプ	すぐ将来設計の話をしたくなる。
3〜5	標準的なタイプ	いまのまま相手に接していれば問題ない。
6	超ロマンチストタイプ	愛さえあればすべてうまくいくと信じて疑わない。現実逃避に注意。

男性がこだわる3つのポイント

ヒーロー願望をもつ

正義感が強く、責任感も強い、どんな困難にも打ち勝つ。そんなヒーローに男性は憧れます。少年時代に抱いたヒーロー願望を、大人になっても持ち続けている男性は少なくありません。

こうした願望が生まれるのは、精神分析学者のフロイトが打ち出した概念の防衛機制が原因のひとつとして考えられています。人は、欲求が何らかの障害によって満たされないことでフラストレーションがたまると、それから自分を守るために無意識に対応策をとろうとします。その対応の仕方が防衛規制です。その防衛規制の中に、同一化と呼ばれるものがあります。他人の人格特性を自分のものとして、よく似た存在になろうとすることです。ヒーロー願望が強い男性は、ヒーローと同一化することで自分が直面している苦悩を解消しようとしていると考えられます。

車に惹かれる

車も、男性がこだわりをもつもののひとつです。多くの男性が、新車で高級車に乗りたいという願望をもっているのも特徴です。これは高級車に乗っている人に社会的勢力があるとされていることと関係しています。

社会的勢力とは、ある個人または集団が、他人や集団をある方向へ動かす潜在的な影響力のことをいいます。社会的勢力には、報酬を与える力や罰を与

力を重視する男性のこだわり

ヒーロー願望、車、身長は、男性の永遠のテーマ

える力、他人の行動を指示する正当な権利を有するという力などがあります。この社会的勢力がある人は、高級車に乗ることでそれを誇示しようとし、もっていない人は車の威力を借りることで社会的勢力をアピールしようとするのです。

身長にこだわる

また、男性は身長にもこだわります。男性は、背が高いことは男の魅力であり、得をするというイメージをもっています。

人間は、何かひとつでも際立った特徴があると、その特徴をもとにして全体を評価する傾向があります（**後光効果《ごこうこうか》**）。

男性は、高い身長が生む後光効果を経験的に知っているため、身長にこだわっていると考えられます。

愛用のカバンで持ち主の性格がわかる

カバンでわかる5つのタイプ

愛用しているカバンから、持ち主の性格がわかります。大きく分けると5つのタイプの人がいます。

ポケットの多いカバンを好む人は、ポケットにきちんと物を入れたい心理があるので、神経質で几帳面なタイプといえます。なかには「ポケットがたくさんあると気持ちが大きくなる」と感じる人がいます。ポケットは夢のシンボルでもあり、こういった人は好奇心旺盛で冒険心がありますが、非現実的な人でもあります。

アタッシュケースを好む人は、がっちりして中身が傷まないことを理由に選んでいるなら、実利主義、現実的な性格の持ち主といえます。それに対して、それほどの必要性がないのに愛用する人は、「エリートビジネスマンのシンボル」というアタッシュケースのイメージを重視しています。自分を実力以上に見せたい、相手より優位に立ちたいという心性をもつ人です。

機密性の高い書類を持ち歩くわけではないのに鍵のあるバッグを好む人は、人との境界をはっきりつけようとする人です。人が自分の心理的な領域に踏み込んでくることを嫌い、付き合いもビジネスライクで割り切った付き合い方を求めます。その反面、不安が強く、自己防衛意識が強い面もあります。

古びたカバンを愛用する人は、こだわりが強いため融通が利かず、自説を曲げようとしない性格といえます。

紙袋をバック代わりにもつ人は、周囲の目を気にしないタイプです。このことは誠実さとも通じるところがあります。紙袋は壊れやすく、一回限りの使い捨てであることが多いものです。つまり、自分本位で、周囲への関心が薄いという傾向があります。

5つのカバン別 性格の特徴

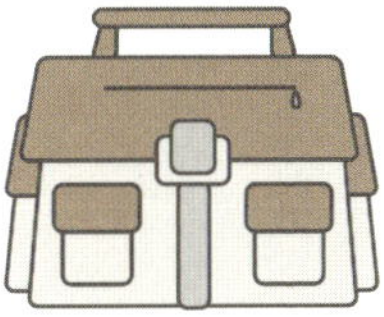

ポケットの多いカバンを好む人

・神経質で几帳面
・好奇心旺盛
・非現実的

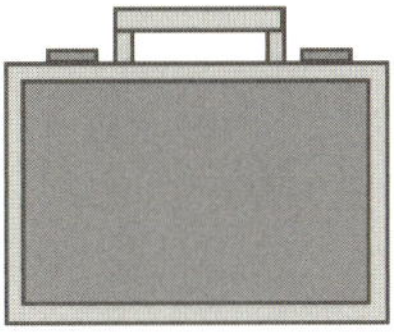

アタッシュケースを好む人

・実利主義
・自分を実力以上に見せたい
・相手より優位に立ちたい

鍵のあるカバンを好む人

・割り切った付き合い方を好む
・自己防衛意識が強い

紙袋をカバンがわりにもつ人

・飾り気がない
・自分本位で周囲に無関心
・持続性がない

古びたカバンを愛用する人

・こだわりが強い
・融通が利かない

男性が扱いにくい女性に惹かれる理由

扱いにくい女性は、男性の要求水準を刺激する

古代ギリシャでは、男性たちは競って暴れ馬に乗る習慣があったといいます。普通の男性が乗りこなせない馬を手なずけることが、いわば強い男の証、男の誇りであったのです。

これと似た心理が、扱いにくい女性に惹かれる男性にも当てはまります。

古代ギリシャの哲人**ソクラテス**の妻・クサンティッペは、頑固で口うるさい女性として有名でした。ソクラテスはクサンティッペを妻として選んだ理由をこのように説明したといいます。「私がこの女性に堪えることができれば、おそらく天下にくみし難い人はいないだろう」

Column

独身貴族ほど愛妻家になる!?

結婚前に独身の自由を謳歌したいと考えている男性ほど、結婚後はパートナーを深く愛し、家庭的な男性になるというデータがあります。

独身の自由を謳歌したい男性にとって、結婚は非常に大きな賭けといえます。そのような男性の心理としては「これだけ大きな賭けをしてまで彼女と結婚に踏み切ったのは、それだけ彼女を愛しているためなのだろう」と、思い込むようになるからです。不思議な男性心理ですね。

男性はチャレンジ精神豊富

この女性に堪えることができれば、あとは怖いものはない
頑固で口うるさい女性として有名
妻・クサンティッペ
ソクラテス

男性には高い目標を掲げ、成し遂げようとする本能がある

どうせチャレンジするなら、高い達成目標を掲げ、これを成し遂げるように努力したほうがいいということです。

人は行動を起こすとき、一定の目標を立てます。このとき「ここまでは達成したい」と考える基準のことを**要求水準**といいます。

一般に、自負心が強く、プレイボーイと呼ばれる人は、自己評価が高く、要求水準も高い傾向があります。

男性には、難しいことや無謀そうなことにチャレンジしたくなるという本能があります。つまり扱いにくい女性は、男性がもつチャレンジ精神を触発し、男の証、男の誇りを賭けるに値するものなのです。

その証拠に、扱いにくい女性に惹かれる男性は、プライドが高く、野心家で、上昇志向が強い、いわゆるやり手タイプに多いといわれています。

浮気をする男性の心理

浮気をする男性には3つのタイプがある

なぜ、男性は浮気をするのでしょうか。心理学的には、浮気をする男性は、3つのタイプに大別されます。

まず第一に挙げられるのは、妻（恋人）とうまくいっていないケースです。パートナーとの関係が良好でないため、ほかの女性に関心を抱くようになります。これはわかりやすい理由ではないでしょうか。

第二に、男性がマザコンのケースです。マザコン（**マザーコンプレックス**）は、分析心理学者**ユング**から生まれた言葉で、いつまでも母離れができずに、母親に依存し、服従する心理をさしています。マザコン男性は、妻を女性としてではなく、母親の代理として考えていることがあります。ですから、浮気をしても、自分の母親がそうだったように、妻も許してくれるはずだと思っているのです。また、妻が母親の代わりなので、妻と性的関係をもつことに罪悪感があり、性的関係をほかの女性に求めようとすることもあります。

第三は、妻や恋人よりももっと理想的な女性がいるのではないかと考え、次々とほかの女性と関係をもつケースです。これは、「青い鳥症候群」と同じ心理で、はっきりした目標や展望がないまま、なんとなく浮気を繰り返してしまいます。青い鳥症候群とは、童話『青い鳥』の主人公たちが、幸せの青い鳥を求めてあちこちをさまよい歩くという話からとった現象です。

浮気をしてしまう男性には、以上の3つのタイプが挙げられます。

浮気をする男性 3タイプ

…
理想の女性を追い求める
マザコン
パートナーと
うまくいかない

**浮気をする男性には
それぞれに根深い原因がある**

Column

浮気は何度も繰り返される

はじめて浮気をするときには、それなりの後ろめたさを感じるものです。ところが、何度か浮気を重ねるにつれて、後ろめたさは軽減していきます。

悪いことだとわかっていても、自分の経験したことに対しては受容域が広がる、つまり許せてしまうということが、心理学の実験で確かめられているのです。

「一度過ちを犯したなら、きっと次からは改めてくれる…」という女性の思いは、幻想にすぎないのかもしれません。

Column

好きな女性の体型からわかる男性の性格

胸・尻・足、全体の好みで性格がわかる

男性にはそれぞれ、女性の体型に対する好みがあるものです。アメリカで、好みの女性の体型と男性の性格の関係を調べる研究が行われました。

その研究は、左の図にあるように、シルエットを使った実験で、胸、尻、足、全体のそれぞれの大きさを変えることができるようになっています。

そして、胸、尻、足、全体の大きさを変えたシルエットを男性に見てもらい、大きいほうと小さいほうのどちらを好むかを聞いていきました。

その結果、好みの女性の体型によって、男性の性格には左の表のような違いがあると推察されました。

それぞれの部位で大きいほうを好む人と小さいほうを好む人とでは、性格のタイプが対照的であることがわかります。

さて、あなたはいかがでしょうか？

体の部位	大きい	小さい
胸	●『プレイボーイ』の読者 ●喫煙者 ●スポーツマン ●デートの回数の多い人	●非飲酒者 ●宗教心が強い ●抑圧的 ●服従的
尻	●強迫傾向あり ●受身的 ●罪悪感が強い ●秩序の欲望	●辛抱強い ●スポーツに無関心
足	●非飲酒家 ●服従的 ●自己卑下 ●社交的に抑圧されている	●外交型 ●顕示欲が強い ●養護的 ●社交的
全体	●野心家 ●飲酒家	●辛抱強い ●内向的 ●上流階級

(J.S.Wigins et al.)

男性の嘘を見抜く7つのポイント

手短で応答が速いときには要注意

男性が嘘をつくときには、さまざまなところにサインが表れます。たとえば、女性から「昨晩電話をしたのに、どうして出てくれなかったの⁉」と言われたとき、「残業していたんだよ！」とそっけなく手短に答える。これは男性が嘘をついているときの反応です。

嘘をつくとき、男性の応答には次のような特徴が表れます。

1 話のやりとりに余裕がなくなる
2 応答が速くなる
3 手早く、できるだけ短く話そうとする

しぐさに表れる3つの嘘のサイン

そのほかにも、心理学の実験で明らかにされた嘘をつくときのポイントには、次のようなものがあります。

まず、ひとつめに、単純な手振りが少なくなります。これは、手の動きを通して無意識のうちに本心が伝わってしまうのを恐れるためです。

2つめには、手で顔に触れるしぐさが増えます。これは、口を隠すためのカモフラージュであり、自分の言動を覆い隠そうとするサインです。

3つめは、身体全体の動きが多くなります。これは、早くほかの場所に逃げ出したいという気持ちを抑制するしぐさです。

さまざまなところに表れる嘘のサイン

単純な手振りが少なくなる

手を握ったり、ポケットに入れたり、相手から見えないところに隠したりして、手の動きを抑えようとする

応答が速くて短くなる

とっさにごまかそうとするため、言葉がそっけなく短くなる

身体全体の動きが多くなる

もじもじして姿勢を変えようとする動作が増える

手で顔に触れるしぐさが増える

鼻や口、その周辺を何気なく触れる

Column

もっとわかる！　嘘のサイン

嘘がわかる3つのしぐさ

男性には耳の痛い話かもしれませんが、嘘を見抜くポイントには、さらに次のようなものがあります。

1　会話がとぎれないように敏捷に応答するようになる
2　早口になる
3　笑いが少なくなり、うなずきが多くなる

いずれも、嘘をつかなくてはならない場面が近づいたときに起こりがちな反応です。

前ページの解説からもわかるように、表情の変化は、嘘を見抜くための手がかりとしてあまり役に立たないことがわかるのではないでしょうか。

多くの人は、顔に本心が出やすいと考えているので、顔だけは本心を出すまいと努力します。

逆に、相手は顔以外の部分には注目していないだろうという安

心感から、話し手は、手や身体の動き、対話の仕方などに嘘のサインを出してしまうというわけです。

嘘をつくとき、男性は目をそらし、女性は相手をじっと見つめる

嘘をつくとき、男性と女性では決定的に違うところがあります。それは、目を見つめるかそらすかに分かれるという点です。男性は相手と目を合わせられないという、わかりやすい反応を示しますが、女性は、嘘をつくときには、逆にじっと相手の目を見つめる癖があるのです。

「嘘だと思うなら目を見て」という女性の言葉には、偽りの事実が隠されていることもあるのです。

男性は、
女性の目力
に注意しよ
う♪

恋をしたがらない男性の深層心理

恋愛に淡白？　それとも女嫌い？

物腰がやわらかく、清潔で印象もよい。周囲の女性たちからも、比較的好意的に見られている。

それにもかかわらず、女性にアプローチをするどころか、女性のほうから親しげに近寄られそうになっただけで、さっと身をかわしてしまう。そのような男性が、あなたのまわりにはいませんか？

こういった男性は、はじめは女性からの印象がよくても、いつまでたっても女性や恋愛に積極的になる兆候がみられないため、次第に女性から距離を置かれるようになってしまいます。そして、周囲からは恋愛には淡白と思われたり、女嫌いなのだというレッテルを貼られてしまったりするのです。

大人になれない「ピーターパン・シンドローム」

このような男性の心理的背景には、「大人になりたくない。いつまでも無責任で心地のいい子どもの立場でいたい」という思いがあります。これを、**ピーターパン・シンドローム**といいます。

ピーターパン・シンドロームの男性が恋愛に臆病になるのは、まだ精神的に大人になっていない分、傷つくことを恐れているからです。

また、誰かに依存する気持ちが強く、自立できていないため、女性と対等な立場で関係を築くことを求められる恋愛というものが非常に苦手なのです。

このような場合、本人が自ら恋に前向きにならないかぎりは、恋愛が発展することはありません。

現代のピーターパンは恋のしかたがわからない

まだ大人になりたく
ない
傷つきたくない
あの人は淡白すぎる
きっと女嫌いなのよ

誰かに依存する気持ちが強く、
自立できていない男性に多い

この状態から抜け出せるかどうかは、
本人次第だね

男性の性格はグループ行動にも表れる

こんな男性には要注意！

グループ行動をすると、女性と一対一で話しているときにはわからない男性の性格が見えてきます。団体になったときに、場にしっかりなじめたり、周囲を自然とサポートできる男性ならば、恋人、あるいは夫としても安心です。ところが、次の４つのいずれかの行動をとる男性には注意が必要です。

１　ひとりだけ別行動をとる人
２　いつでもリーダーになりたがる人
３　不平不満ばかり口にする人
４　いつも多数派についている人

付き合うと疲れてしまう４つの男性タイプ

まず、ひとりだけ別行動をとる人は、協調性がなく、自分勝手な傾向があります。マイペースで魅力的に映ることもありますが、いざ生活をともにすると、相手が疲れてしまうことがあります。

いつでもリーダーでいなければ満足できない人は、端的にいうとわがままで、嫉妬心が強いのが特徴です。立ててもらえないと不機嫌にもなります。

不平不満ばかり口にする男性は、打たれ弱く、自分勝手であることが多いといえます。そして、いつも多数派についている人は、一見優しい人に思えますが、自分をはっきり表現できていないだけで、あるときストレスが爆発する可能性もあります。

問題行動をとる4タイプ

いつでもリーダーに
なりたがる人

ひとりだけ別行動をとる人

いつも多数派についている人

不平不満ばかり口にする人

グループ行動をするときに、
男性の本当の性格が見えてくる

Column

恋人の心が去っていく決定的なひと言

給料、学歴、見た目を馬鹿にするのはタブー

ひとつ例を挙げましょう。銀座の高級クラブのホステスさんが、お客さんの前で絶対に言ってはいけないことがあるそうです。

それは、「ハゲ」という言葉です。

これは、男性の尊厳に関わる事柄だからです。このひと言を口にしてしまっただけで、二度とお客さんは来なくなってしまうそうです。女性は、この男性の心理を、知っておくべきでしょう。

「親しき仲にも礼儀あり」という言葉があるように、パートナーに言ってはいけないひと言があります。

男性の場合、会社でのポジション、給料の額、学歴など、自分の能力に関することを指摘されることをとても嫌がります。なかでも「お隣の○○さんは部長なのよね」などと、誰かと比較するのは、絶対にタブーです。

性格やセックス、両親の恥になる言葉もＮＧ

そのほか、外見や性格、セックスにまつわること、そして両親の恥になることも禁句です。

お付き合いをしていると、喧嘩や言い争いをすることもあるでしょう。ただし、感情的になったからといって、これらの言葉を口走ってしまわないよう、くれぐれも注意してください。

長年培ってきた愛情が、一瞬にして消えてしまうことがあります。

口は災いのもと。自分にも相手にも、できるだけいい言葉を使いたいね

第3章

女性の心のメカニズム

Contents

本当にモテる男女だけがもっている能力とは？

キーワードは符号解読能力

男性にも女性にも、「あの人はいつでもモテている」という人が、あなたのまわりにもいませんか？じつは彼らは、ある能力をもっているのです。

心理学の知識を用いて説明します。

言葉以外の表情やしぐさ、視線などで感情を表すことを**符号化**といいます。そして、この符号を読み取る能力を**符号解読能力**と呼びます。

私たちは、相手の言外から発せられる符号を無意識のうちに解読しながら、コミュニケーションをとっています。解読能力が高ければ、気配りのできる人になれますし、符号化の能力が高ければ、言葉にせずに、うまく自分の気持ちを伝えることもできるのです。

一般的に、甘え上手な人は符号化の能力が高いといわれています。

いわゆるモテる男性は、この符号解読能力が高い人たちです。女性が何を求めているのか、どうしてほしいのかをきちんと読み取って提供する能力に長けているのです。

一方、あげまんといわれている女性たちも、高い符号解読能力をもっています。女性があげまんであるには、相手との一体感を強くもつことができ、相手の出世を自分のことのように喜べるというのが前提です。そのうえで、男性の短所長所を読み取って、最適なアドバイスやサポートができるのが、あげまんの特徴なのです。

さて、あなたはいかがですか？

あなたの符号解読能力をはかろう

次のリアクションのうち、あなたが歓迎されていると思われるものに○、
そうでないと思われるものに×をつけてください。

01 会話しながらあなたの身体に軽く触れた

02 ジャケットのボタンをはずしたり、ネクタイを締めたりした

03 腕を組まず、机の上などに軽く開いて置いていた

04 あなたが話しているとき、目をとじたり、まばたきしていた

05 あなたの話に3回以上うなずいた

06 頭や鼻の周囲をさかんに触っていた

07 書類などを受け取るときに、
必要以上に身を乗り出してきた

08 あなたと同じ動作をしたり、あなたの表情を真似した

09 目を細め、瞳が収縮していた

10 旅行や子どもの写真など、
私生活に関わるものを見せようとした

11 必要もないのに、突然眼鏡をかけた

12 おかしくもないのに笑った

13 よりくつろげる場所に席を移った

14 両手を頭の後ろで組んだ

01	02	03	04	05	06	07	08	09	10	11	12	13	14
○	○	○	×	×	×	○	○	×	○	×	×	○	×

女性の勘が鋭い理由

女性の思考回路は具体的

昔から「女の勘は鋭い」という言葉がありますが、それは本当のようです。

その理由は、前項で解説した**符号解読能力**で説明できます。女性のほうが、男性より符号解読能力が高いという実験結果が出ています。これは、男性に比べて肉体的、社会的に立場が弱いことが関係しています。早く相手の心理を読んで対処しなければ問題が生じるため、この能力が高くなったのです。

加えて、女性の思考方法そのものが、男性より具体的であることも挙げられます。たとえば、買い物での金額の計算などは、一般に女性のほうが速いのに、数学好きは女性より男性のほうが多いのです。

女性は人の心に敏感

要するに、物事を抽象的に考える能力は男性、具体的な思考能力は女性のほうが優れている傾向があります。相手の言動をうまく解読するには、その手がかりである表情やしぐさの細かい要素に気づく必要があります。

その際、手がかりとなる情報は、できるだけたくさんあったほうが、正しい結果が得られやすいのです。つまり、具体的な思考に強い女性のほうが有利なのです。

人生相談、占い師、カウンセラー、セラピストなどに女性が多いのも、女性特有の「勘の鋭さ」が関係しているといえます。

女性は符号解読能力が高い

どうして
ばれたんだろう…

女性は、争いや問題を最小限で解決できるよう、人の表情やしぐさに敏感＝勘が鋭く、細かなことに気づきやすい

男性は抽象的に考える力、
女性は具体的に考える力に優れている

女の勘は学習の結果
だったんだね

Column

好きな男性の体型からわかる女性の性格

性格は体型別に7つのタイプに分かれる

やせ型が好き、がっちり型が好きなど、女性には好みの男性の体型があることでしょう。

アメリカで、好みの男性の体型と、その女性の性格の特徴を調べる調査が行われました。

調べてみた結果、体型は大きく7つのパターンに分かれ、それによって、女性の性格も大きく異なることがわかりました。

あなたはいかがでしょうか?

左ページから、好きな体型の男性を選んでみてください。

スポーツやトランプなどのゲームを好む。喫煙家だが、酒は飲まない。痩せている女性が多い。

自分の容姿に関心があり、神経質な性格。ヘビースモーカーの女性が多い。

経験豊富でフェミニスト。男性と一緒に暮らしている女性が多い。

平凡な性格。トランプが好きで、スポーツは好まない。映画をよく観る人が多い。

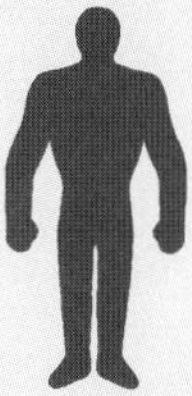

外向的で活発なタイプ。喫煙も飲酒もしない女性が多い。

寛容で落ち着きのある性格だが、保守的な面もある。読書を好む。太っている女性が多い。

反抗的なタイプ。酒を飲むのが好きで、薬をよく摂取する女性が多い。

結婚できない女性の心理

自立と依存の板ばさみで悩む

コレット・ダウリングが提唱した「シンデレラ・コンプレックス」という言葉があります。シンデレラ・コンプレックスとは、「他者に面倒をみてもらいたいという根深い願望によって、女性が精神と創造性を十分に発揮できずにいる」ことと定義しています。シンデレラは、ひたすらみじめな境遇に耐え、何者かがその境遇から救い出してくれるのを待っていました。シンデレラ・コンプレックスという命名は、こうしたシンデレラの姿勢と、青年期の女性にみられる無意識の依存欲求とを重ね合わせた結果としてつけられたものです。

自立‐依存の葛藤は、青年期になれば男女問わず経験するものですが、このコンプレックスは、比較的学歴の高い青年期の女性にみられます。

経済的にも精神的にも自立できる才能がありながら、そこまで至ることに躊躇する。その反面、専業主婦という形で100％夫に頼りきることは、自立に対する欲求があるため不満が残る。この、男性の庇護のもとに置かれていたいという気持ちと、自立し、自由を謳歌したいという気持ちとの板ばさみになっているのが、このコンプレックスに悩む女性の姿です。

父と母との関係が根本原因

こうしたコンプレックスが形づくられる背景には、父と娘・母と娘という親子関係と、父と母の夫婦関係という2つの関係に、問題があると考えられています。

ひとつめは、父親が、夫婦関係に不満を抱いているものの、それをよくしようとするより、娘を自分の理想の女性像にすることに力を注ごうとするケースです。

もうひとつは、母親が、そういった父娘関係に不満なのに、あえて口出しせず、表面的にはそれを応援する形をとるケースです。

このような関係性のもとで育った娘は、母親に依存しきることもできず、父親から押しつけられた理想をかなえようとすることでしか、依存欲求を満たしてもらえません。

しかも、いざ自立しようとすると、自立を勧めていた父親がそれをはばむ側にまわり、母親は傍観するばかりで娘の自立に手を貸しません。

こうして、娘は依存欲求も満足に満たしてもらえず、自立もままならないという宙ぶらりんの状態で放り出されることになるのです。

結婚したいのに結婚できないという女性は、このシンデレラ・コンプレックスが原因となっている場合が多いといえます。

親と子の関係が、現実に
ひずみをもたらしている
ケースのひとつだね

外見のよい女性は得をする!?

美人は性格がよく、優れた人物とみなされる

美人が得をするというのは事実です。それは、容姿端麗といった身体的な魅力があると、性格もよく、優れた人物であるとみなされやすいからです。

人間には、何かひとつでも際立った特徴があると、その特徴をもとにしてその人の全体を評価する傾向があります。前章でも触れた**後光効果**《ごこう》です。後光効果が生じると、人物評価が後光（際立った特徴）に影響されてしまうので、優れた特徴がある人は、より高い評価を得ることになります。

つまり、美人という際立った特徴によって、その人のことを知らなくても「性格がよくて頭もいい」などと勝手に思い込んでしまうわけです。

容姿端麗な人にあらわれる後光効果

アメリカで行われた後光効果に関する実験では、大学教授の女子学生に対する人物評価と成績との関連性について調べています。

その結果、美人と評価された学生ほど成績がよいことがわかりました。

もちろん、美人ほど頭がいいというわけではありません。それにも関わらずこのような結果が出たのは、教授が美人に対して甘く、ひいきをしたということを表しています。このことからも、美人は得をするということがわかります。

また、後光効果は、**光背効果**《こうはい》**（ハロー効果）**と呼ばれることもあります。

美人が得をするのは後光効果が原因

後光効果が生じると、
優れた特徴のある人は、高い評価を得られる

見た目の印象がいかに
大きいかがわかるね

Column

本当に面食いなのは、男性より女性？

外見だけでパートナーを選ばないのが男性

「僕の彼女は美人ではないけど、性格がいい」と男性が言ったとします。

「私の彼はハンサムではないけれど、性格がいいの」と女性が言ったとします。

このような場合、男性は本音で言っていると考えてよいのですが、女性の場合はそうとは言い切れません。これはいったい、どういうことでしょうか。

ある実験があります。

実際に風貌のよい男女をそろえて、異性の相手に対面させ、「この人は、性格的にどのような人だと思いますか？　性格的に好感をもてますか？」と尋ねました。その結果、男性のほうが性格と見た目は別物だと答えた人が多く、女性は「ハンサムで性格的にもいい」と答えた人が多かったのです。

「性格がいい人は見た目もいい」と考える女性

つまり、容貌とその人物の性格を関連づけて考える傾向は、男性よりも、女性のほうが高かったのです。

前述した「私の彼はハンサムではないけれど、性格がいいの」という発言は、「本当はハンサムのほうがいいけれど、性格がいいからいまの彼でもいいか」という心境が入り混じっているといえます。

女性は電話とメールが好き

電話もメールも心をつなぐツール

会話のコミュニケーションには2種類のパターンがあります。

そのひとつは、**道具的コミュニケーション**と呼ばれるもので、目的や目標を達成するための手段や方法として働くもののことです。

たとえば、仕事の打ち合わせや情報交換、デートの場所を決める相談などが「道具的コミュニケーション」になります。

もうひとつは、自分の気持ちや感情を表すことを目的とした**表出的コミュニケーション**です。

日常の会話は、その2つが絡み合うことで成り立っているのですが、電話での会話では、男性は道具

Column

男性に知っておいてほしい電話の利点

多くの男性にとって、女性の長電話に付き合うのは楽ではありません。しかし、男性は、電話の利点をぜひ知っておくべきです。

電話は、直接会って話すより会話に集中でき、冷静に議論できるという利点があるのです。

男性は、電話の利点を理解して、感情的になりそうな話や意見が対立しそうなときには電話で話しましょう。そのほうが、直接話すより、相手が気分を害する可能性が低くなりますし、意見も一致しやすくなります。

メールを使う人は甘えんぼう

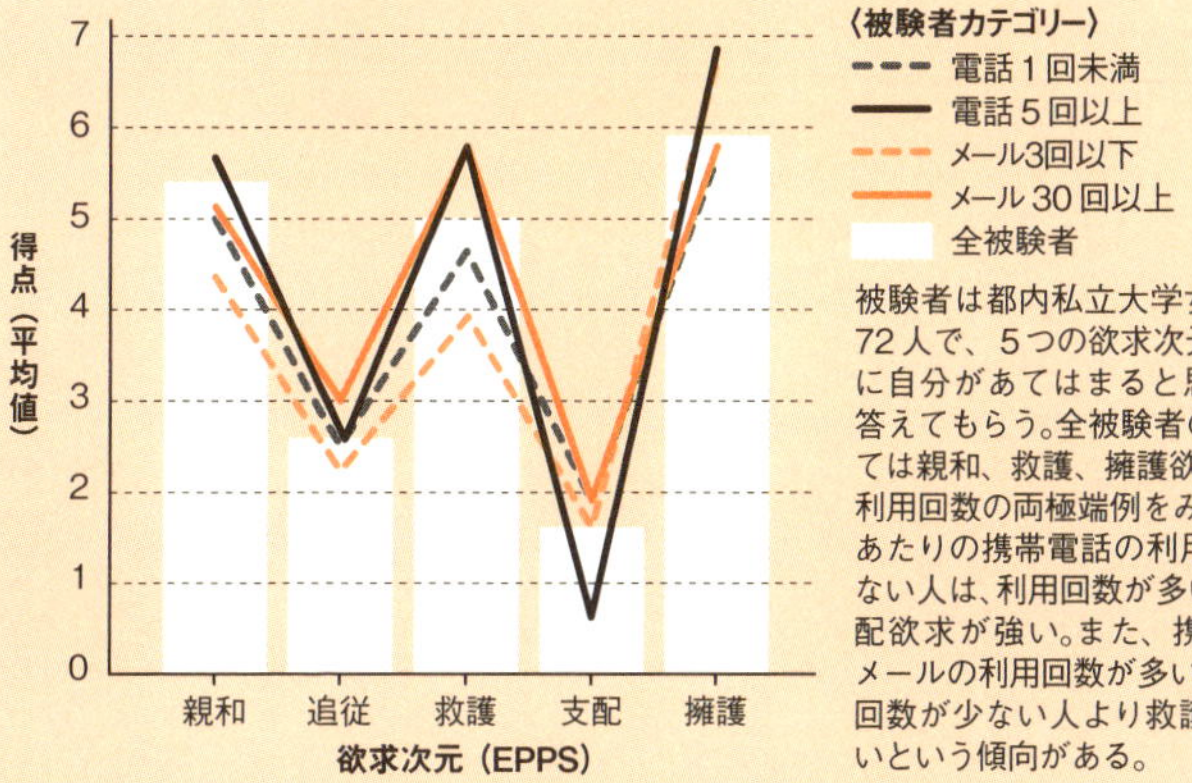
7
6
5
4
3
2
1
0
得点（平均値）
親和
追従
救護
支配
擁護
欲求次元（EPPS）
〈被験者カテゴリー〉
電話１回未満
電話５回以上
メール3回以下
メール30回以上
全被験者

被験者は都内私立大学女子１年生72人で、５つの欲求次元（EPPS）に自分があてはまると思うものを答えてもらう。全被験者の特徴としては親和、救護、擁護欲求が強い。利用回数の両極端例をみると、１日あたりの携帯電話の利用回数が少ない人は、利用回数が多い人より支配欲求が強い。また、携帯電話のメールの利用回数が多い人は、利用回数が少ない人より救護欲求が強いという傾向がある。

携帯電話の利用頻度と利用者の性格特性（渋谷昌三,2001）

的コミュニケーションに、女性は表出的コミュニケーションに偏る傾向があります。これは、男性は電話を用件を伝えるものだと考え、女性は気持ちを伝え合うもの、話し合いをするためのものと考えているからです。長電話をする女性が多いのはそのためです。

また、最近では多くの人が携帯電話のメールを利用しています。メールには、言葉に出して言いづらいことでも文章なら伝えやすいという利点があるので、表出的コミュニケーションのツールとして向いているといえるでしょう。

ただ、文字だけでは感情が伝わりにくいため、顔文字や絵文字などを使う人がいますが、これも女性に多くみられる傾向です。

これは、女性が、メールも電話と同じように表出的コミュニケーションをするために利用しているからだと考えることができます。

女性がこだわる2つのポイント

髪は女の命

「髪は女の命」というくらい、女性は髪や髪型に気を使います。髪の長さや色、髪型を変えることで印象が大きく変わったりもします。

男性にとっても、髪は女性のイメージを決める重要なポイントになります。髪がきれいというだけで、容姿が美しく見え、人柄もよいという印象をもつ傾向があるのです。また、女性の長い髪はほかの欠点を隠してしまうという意味の「髪の長きは七難隠す」ということわざがありますが、実際に長い髪には後光効果があります。女性が髪にこだわるのは、きれいな髪や髪型に後光効果があることを知っているからです。

ファッションが気になる

もうひとつの女性のこだわりはファッションです。人それぞれ服装にはこだわりがあるものですが、派手な服ばかり好んで着る女性がいます。このような人は、目立ちたがり屋と思われがちですが、心理学では対人関係に不安をもっている人が派手な服装をするという考えもあります。

これには、**身体像境界**という考え方が関係しています。身体像境界とは、自分と周囲を隔てるものとして感じている境界のことです。この身体像境界が小さくはっきりしない人は、自分と周囲とをきちんと区別できず、相手との距離感がとれないので、他人と接するときに不安を感じてしまうのです。その

髪とファッションは女性のアイデンティティ

髪とファッションは、古来から続く女性のこだわり

ような人が派手な服装をすることで、自分の身体像境界をよりはっきりさせようとするのです。

また、ブランドの洋服や装飾品ばかり身につける女性の中にも、身体像境界が希薄な人がいると考えることができます。単純にみんながもっているからという理由でブランド品をほしがる人の場合は、他人と同じでいたいという**同調性**が高いからだと考えられます。

たしかに、服装には、
人間性が如実に表れて
いるね

Column

髪型でわかる女性の性格

髪型から、女性が自分をどう見せたいかがわかる

髪型を頻繁に変える人は、周囲の人に注目してもらいたいという気持ちがあります。自己アピールする積極的な性格に見えますが、その反面、自分に対して常に不満をもっていて、不安定な心理状態にあるとも考えられます。現状に満足できないため、次々と新しい髪型を試みるのです。

髪型は、服装と同じように、見せたい自分を演出する手段でもあります。

端的な例でいえば、長い髪の女性は「女らしい」「しとやか」「おとなしくて、控えめな性格」に見えます。短髪の女性は「積極的で活発」「活動的」「イキイキしている」印象を与えます。

髪型から、その人が自分をどう見せたいと思っているかがわかるのです。

耳が隠れているかどうかも性格に影響

耳が隠れるような髪型かどうかも、性格に関係しています。耳は外部の情報の取り入れ口ですから、耳を出している人は「人の話を聞きたい」「人が何を言っているのか気になる」という心理が働いています。反対に、「人の話を聞きたくない。ひとりでいたい」という人は耳を隠します。

「女性の美しさは髪で決まる」とも言うね

化粧には女性を積極的にさせる力がある

化粧をすると本人の気持ちが変わる

他人に自分がどう見られているかという意識を、心理学用語で**公的自己意識**といいます。

公的自己意識の強い人ほど他人の目が気になるので、化粧も入念になる傾向があります。このような人は頻繁に鏡を見てメイクをチェックします。

また流行のメイクや最新の化粧品に極端に興味を示して頻繁にメイク法を変える人は、公的自己意識が強すぎる人といえます。

他人ではなく自分の価値観など内面的な部分に対する意識を**私的自己意識**といいます。

化粧には、他人に自分をきれいに見せるという効果のほかに、本人の意識や行動を変える力があり、それを証明する実験も行われています。

化粧のもつ力を調べた調査のひとつに、女子大生に素顔とプロがメイクを施した状態の二パターンでアンケートをとってもらい、そのときの態度の違いを見るという実験がありました。

結果は、素顔でアンケートをとっているときより、メイクをしているときのほうが、より相手に接近していることがわかりました。

男性は魅力的なメイクの女性を支持する

また、メイクの違いが他人にどれくらい影響を与えるのかを調べた実験もあります。これは、女子大生が魅力的なメイクとそうでないメイクをして男子学生に意見を述べるというものです。男子学生に

化粧がもたらす効果とは?

化粧は女性の魅力を高めてくれる

は、事前に意見に賛成してほしいという意向を伝えて起きます。

その結果、同一人物が同じ意見を述べたにも関わらず、魅力的なメイクをした場合のほうが、意見に賛成した男子学生が多くなりました。また、そればかりではなく、魅力的なメイクをしているときのほうが、女子学生が好意的に見られていたこともわかりました。この実験から、魅力的なメイクは見た目だけでなく、その人の全体の評価を高める効果があることがわかりました。

女性が化粧するのは、こうした効果を無意識に利用しているといえるのではないでしょうか。

女性へのプレゼントは高価なものより回数が重要

プレゼントの回数が、女性の満足度に比例する

好きな人に何を贈るのか、迷うものですね。

女性に対して、どのようなプレゼントを贈ると喜ばれるのでしょうか。

まず贈り物を受け取ると、「何か同等のものをお返ししなくては」という義務感が生じるものです。ですから、あまりに高価なプレゼントは負担になるので喜ばれない傾向があります。また、お返しの必要のない無償のプレゼントは、相手に「何か狙いや下心があるのでは？」という警戒心を抱かせることがあります。

贈り物は、相手が受け取りやすいものがもっとも効果があります。男性が女性に贈るなら、花がおすすめです。気軽に受け取ってもらえますし、花を嫌う女性は少ないものです。また、回数も大切です。高価なものを少なくもらうより、手軽なものをたくさんプレゼントされたほうが、女性に「気にかけてもらえた」という気持ちが湧きやすくなります。

プレゼントは女性の自尊心を刺激する

ただ、誕生日やクリスマスなど、女性が高価な贈り物をもらっても当然と思えるときには、奮発したプレゼントが効果的です。これは、期待以上の物をもらったとき、女性の**自尊心**が満たされることとも関係しています。ただ、お金がなくて高価な贈り物をするのが難しくても、真心のこもったものなら気持ちが伝わるという心理学の実験結果もあります。

女性に喜ばれるプレゼントの贈り方

気軽なものを
たくさんもらえると、
女性の満足度がアップする

高価なプレゼントは
女性の重荷になることも

プレゼントは、数を増やして
女性の自尊心を満たすのが効果的

プレゼントで
一番大切なのは、
やっぱり「気持ち」
だよね♪

男らしさ、女らしさとは？

"らしさ"はあとからつくられるもの

「女は女に生まれない、女になるのだ」。

フランスの作家**ボーヴォワール**の残した有名な言葉です。よく、「男らしい」「女らしい」といった言い方がありますが、男性が生まれつき男らしいわけでも、女性が生まれつき女らしいわけでもありません。時代によって男らしさ・女らしさの判断基準は異なっており、私たちは、その時々の時流に求められる性の役割を身につけていくのです。

現在では、生まれつきの生物学的な「**性**」を「**セックス**」、特定の文化の中でつくられる「性」を「**ジェンダー**」と呼んで区別しています。

ジェンダーは、生まれた直後から形成されていきます。たとえば、男の子の色はブルー、女の子の色はピンク、男の子に与えるおもちゃはミニカー、女の子に与えるおもちゃは人形、男の子は強くあるべきと教えられ、女の子は優しくあるべきだと育てられる……といったようにです。

こうした大人との関わりを通して、子どもは自分たちに期待されている性の役割を受け入れていくのです。男の子と女の子が分かれて集団を形成する小学校高学年になるころには、子どもはジェンダーによる違いを、ほぼ大人並に身につけます。

社会の価値観が大きく変わろうとしている現代では、男は仕事、女は家庭という概念が通用しなくなってきています。つまり、ジェンダーは、時代とともに変化しているのです。「性」にとらわれない傾向は、今後ますます強くなっていくでしょう。

男らしい・女らしいのはこんなタイプ

男性性項目	女性性項目
・自信がある	・従順である
・反論にあうと再反論する	・ほがらかである
・人に頼らない	・内気である
・運動が得意である	・やさしい
・自己主張が強い	・おだてられるとうれしい
・個性が強い	・忠実である
・押しが強い	・女性的である
・分析的に考える	・共感しやすい
・リーダーとしての能力がある	・他人の求めているものがすぐわかる
・危険を冒す	・ものわかりがよい
・決断が早い	・同情心が厚い
・自分で何でもできる	・傷ついた人の心を慰めてやりたい
・人に指図をする	・言葉づかいがやさしい
・男性的である	・あたたかい
・自分の立場を明確に打ち出す	・人やものをいつくしむ
・積極性がある	・信じやすい
・リーダーとしてふるまう	・無邪気である
・個人的である	・激しい言葉づかいをさける
・人と競争する	・こどもが好きである
・大志を抱いている	・情がこまやかである

男らしさ、女らしさを測る尺度として、上のような項目が用いられる。この測定法では、それぞれの項目で「自分にまったくあてはまらない」を1、「自分に非常によくあてはまる」を7として点数を合計する。男性性項目の点数が高ければ男らしい、女性性項目の点数が高ければ女らしいとみなす。

BSRIの尺度項目（岡本,1988）

第4章

しぐさ・ふるまいでわかる心理学

Contents

本音は顔の左半分に表れる

顔全体では本心を見抜けない

恋人と話をしているとき、顔を見ても相手の感情が読めないという経験をしたことはありませんか？

たとえばあなたが片想いをしていたり、付き合って間もない状況であったとき、相手の気持ちを探りはじめて不安になってしまうことがあるのではないでしょうか。

相手の表情から真意を読み取るのは、なかなか難しいものです。

そんなとき、誰でも簡単に相手の本音を知る方法があります。

人の表情は顔の右半分と左半分がまったく同じということはありません。

ある心理学のテストで、顔の片側だけで合成写真をつくるという実験をしたところ、左側だけでつくった写真を見た人は、右側だけでつくった写真の場合より、表情がはっきり出ていると感じる傾向がありました。

つまり、人の表情は左側に強調されているので、左側の顔に注目すれば、その人の感情がわかりやすくなるということです。

人は無意識のうちに、顔全体を見ているので、本心を探りにくいところがありますが、相手の本音を知りたいなら、会話のときに顔の左半分の表情に注目してみましょう。

あなたとの会話を楽しいと思うなら、自然とうれしそうな表情や、いきいきとした表情を感じ取ることができるはずです。

本音を知りたいときは顔の左半分に注目

右側だけでつくった写真

表情があまりはっきりしない

左側だけでつくった写真

表情がはっきり出る

人の表情は顔の左側に強調される

瞳の動きで心がわかる

興味のあるものを見ると瞳が拡大する

瞳孔の大きさ、つまり瞳の拡大縮小から、その人の本心を見抜くことができます。一般的に、興味のないものや嫌悪しているものに対しては瞳が縮小します。

これを証明したのがヘスの実験です。女性のヌード写真を男性に見せたところ瞳が20パーセント拡大し、同様に、男性のヌード写真を女性に見せても同じ現象が起こりました。また、子どもの写真を女子学生に見せたところ瞳が拡大しましたが、男子学生の場合にはあまり変化は見られませんでした。

人間は、目の前にあるものに強い関心をもつと瞳孔が開くのです。

「目は心の鏡」ともいいます。人の本心を知るためには、相手の瞳を正しく見分ける目を養いましょう。

瞳の動きで性格もわかる

そのほかにも、瞳の動きで相手の性格や趣味、関心を探る方法として、おもしろい実験結果があります。たとえば「戦国時代がはじまったのは何年？」「光の速さは毎秒何メートル？」などといった、簡単には思い出せない問題を出します。その問題を相手が考えているときの瞳の動かす方向に注目してください。

●瞳を右に動かす人…科学や計算が得意。男

目は心の鏡

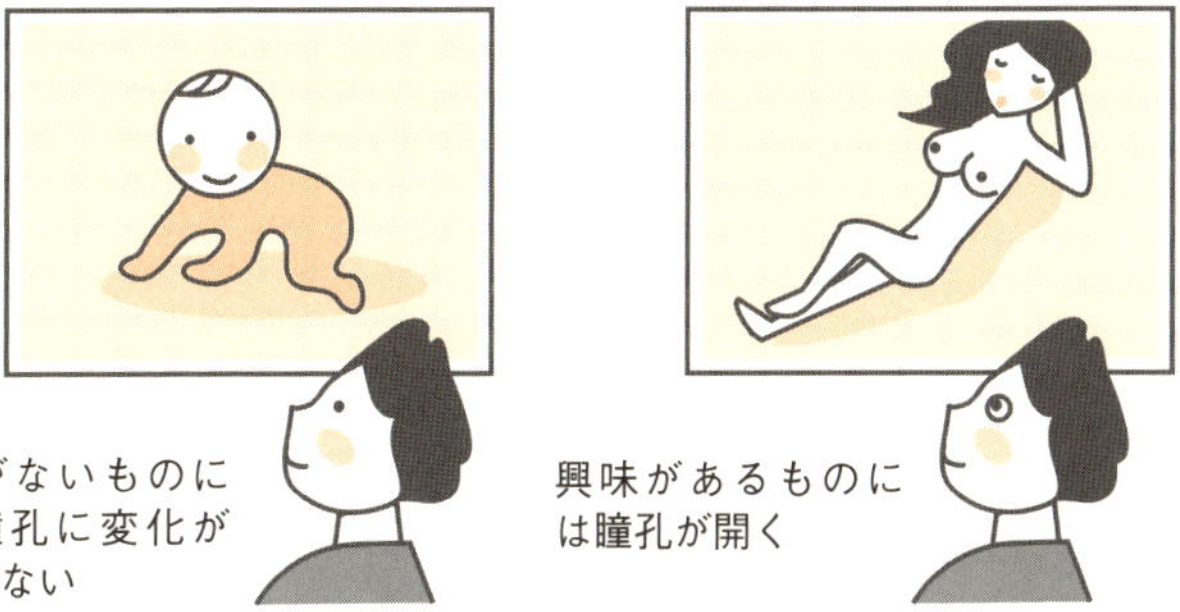

興味がないものには、瞳孔に変化が起こらない

興味があるものには瞳孔が開く

人の本心は
瞳の大きさで見分けられる

性の場合、睡眠時間が短くて、女性との接触に防衛的なところがある。

●瞳を左に動かす人…古典や人文科学が得意。開放的性格で、音楽を好み、宗教に関心がある。暗示に弱く、催眠術にかかりやすい。男性はアルコール中毒になりやすい。

ただしこれは男性には当てはまりますが、女性の場合は、両方に瞳を動かす人が多いので、はっきりしないようです。

これじゃあ、下手に嘘をつけなくなっちゃうね

目玉の向きで相手の心理が読める

目玉の向きでわかる4タイプ

私たちは、何かの考えに集中するとき、目を一定の位置に固定します。

人によっては「えぇっと」と言いながら、目玉をきょろきょろ左右に動かしたりします。

神経言語プログラミングの視線解析によると、私たちは、考える内容によって、目の位置を変えるばかりでなく、その内容と目が固定する位置とは一定のパターンがあることがわかりました。

パターンは大きく4つに分かれ、それぞれに異なる特徴があります。

分析結果は、次のようにまとめられています。

1　目が左上を向く→過去の体験、以前に見た風景を思い出している

2　目が右上を向く→いままで見たことがない光景を想像している

3　目が左下に向く→聴覚に関わるイメージ（音楽や声など）をもっている

4　目が右下に向く→身体的なイメージ（肉体的な苦痛など）をもっている

あなたが相手をもっと知りたいと思うなら、次のような質問をして、相手がどんなことに思いをはせているのかを探ってみましょう。

「どんな人が好きですか？」

「何をしているときが楽しいですか？」

目玉の動きでパターンを読み取ろう

目が右上を向く
いままで見たことがない光景を想像している

目が左上を向く
過去の体験を思い出している

目が右下に向く
身体的なイメージ（肉体的な苦痛など）をもっている

目が左下に向く
聴覚に関わるイメージ（音楽や声など）をもっている

過去・未来・聴覚イメージ・身体的イメージの
4つのパターンに分かれる

好意は言葉より瞳で伝える

目は口ほどにものを言う

恋愛のシーンでは、どんなに説得力のある言葉よりも、熱い視線のほうが気持ちが伝わることがたくさんあります。あなたにも、そのような経験はないでしょうか？

視線を合わせることの効用は、心理学でも実証されています。相手と目を合わせることで、「あなたと話したい」という熱意や興味を相手に伝えることができます。それと同時に、相手の関心を強く引きつけることもできるのです。

ある実験によると、子どもに物語を聞かせるとき、話し手が一人ひとりの目を見ながら話した場合には、子どもはその話の内容をよく覚えていることがわかりました。

人は一般的に、好きな人と話すときには視線を合わせる頻度が高くなり、視線を合わせている時間が長くなる傾向があります。

次のような実験報告もあります。ある人に、はじめて会った人の中から、自分の仕事のパートナーを選ぶように指示します。すると、その人が選ぶ相手は、雑談しているときにその人とよく目を合わせていた相手になりやすいというものです。

また、視線をよく合わせることができると、「信頼でき、快活で、親しみやすい」と受け取ってもらえることも多いことがわかっています。

好きな相手には、その人とできるだけ視線を合わせて、言葉以上に好意を伝えたり、自分が好ましい人間であることを訴えましょう。

恋の成就は視線で決まる

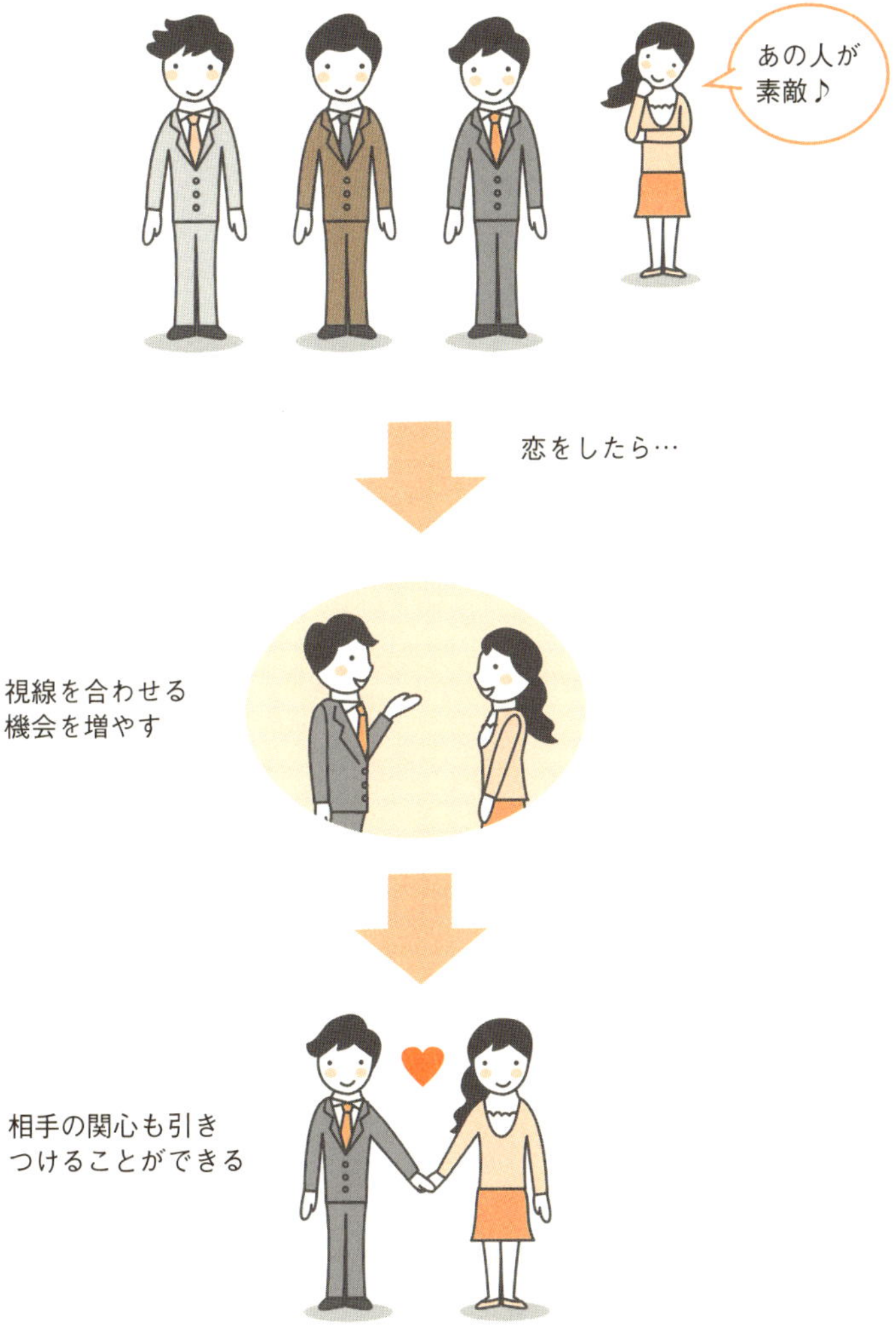
あの人が
素敵♪
恋をしたら…
視線を合わせる
機会を増やす
相手の関心も引き
つけることができる

視線を合わせる頻度を高くすれば
恋愛は成就しやすくなる

人間の感情は、手の癖となって表れます。ここでは、手のしぐさが具体的にどのような気持ちを表しているのかをご紹介します。

YESのサイン

テーブルの上で両手を広げている

あなたの話を受け入れようとしている。「僕たちのことを話そう」というアプローチ

テーブルの上のものを片づけたり、ナプキンでテーブルをふいたりする

話に興味を示し、もう少し話をしようというサイン。相手のパーソナルスペース（40ページ参照）に近づこうとしている

手のひらを見せる

自分のテリトリーに相手が入っていいというサイン

あごをさすっている

相手の話に同意したり感心しているサイン

手に表れるYESとNOサイン

NOのサイン

腕組みする／両手を後ろで組む
自分のテリトリーへの侵入を拒むサイン

鼻の下に手をあてる
話している相手を疑っている

鼻の脇をこする
不愉快に思っているサイン。「疑い」「拒絶」「不快」の意味を表す

頬に手をつく
人のミスを探している、あるいは相手の話に反対しようとしている

話をしているとき、テーブルの上でこぶしを握っている
相手の話に納得できないしるし。内心では怒っていたり、不愉快に思っている

テーブルの物をいじったり、指やペンでテーブルをトントンたたく
話を聞いていなかったり、早く切り上げたいと思っているサイン

ペンで相手を指す
相手をバカにしている。このタイプの人は、基本的に人を自分の下に見ることで優越感を感じるタイプなので要注意

声で相手の性格がわかる

声に表れる4つの特徴

あなたはどのような声の人に惹かれますか？　人によって、好みの声は分かれるのではないでしょうか。じつは声には、その人の人間性が表れることがわかっており、突き詰めていくと、相手の年齢や社会的地位、性格まで、かなり正確に判断できるといわれています。

ここでは、代表的なものとして、それぞれの声色に、どのような特徴が表れるのか解説しましょう。

＊

①平板な声——男女ともに、男性的で、冷静、引っ込み思案な傾向があります。

②はっきり澄んだ声——男性はエネルギッシュで健康的。洗練されていて、会話もおもしろく、熱意があるタイプです。女性はイキイキしていて社交的な傾向があります。

③話す速度が速い声——男女ともにイキイキしていて社交的であるとみなされます。

④抑揚が多い声——男性は精力的で、女性的な感覚ももっているほか、芸術家肌の傾向があります。女性は、精力的かつ外交的であるといえます。

あなたが異性に対して好む声は、どのタイプに該当しますか？

これは、どのような性格の相手を、パートナーとして望んでいるかということにもつながってきます。

自分自身が生理的に好きな声、嫌いな声を探ってみると、あなたが理想とする異性のタイプが見えてくるのです。

声に表れる4つの性格

はっきり澄んだ声

男性はエネルギッシュで健康的
女性はイキイキして社交的

平板な声

男女ともに男性的で
冷静、引っ込み思案

抑揚が多い声

男性は精力的で芸術家肌
女性は精力的かつ外交的

話す速度が速い声

男女ともにイキイキして
社交的

それぞれの声には、
その人の根源的な性格の特徴が表れる

あごでもわかる相手の性格傾向

あごを上げると尊大、下げると譲歩の態度

意中の相手と話しているときに、相手のあごの角度がころころと変わることはありませんか？

話をしているうちに、相手のあごが、どんどん上を向いてきたり、またはあごが下がってきたり……。そういった傾向があるのなら、少し極端な性格の持ち主かもしれません。

あごを上げると胸を張った姿勢になり、相手に尊大な印象を与えます。逆に、あごを引くと、背中が丸くなり、弱気で暗い印象になります。この姿勢で相手を見ようとすると、上目づかいになり、疑い深い顔つきになります。

進化論で有名な**ダーウィン**は、動物は自分の姿勢を小さくすることで、譲歩の気持ちを伝え、相手の攻撃を抑えようとすると述べています。反対に、あごを上げるということは、逆に自分を大きく見せ、相手を威嚇しようとする態度が表れているといえます。

あごを上げて話す人は、尊大で、自分を偉く見せようとするタイプです。プライドが高く、あなたに優越感をもとうとしています。場合によっては、あなたを否定的に見ることもあるかもしれません。

あごを引いて話す人は、気が小さく、譲歩の気持ちの強いタイプです。あなたに心を開くことに防衛的であったり、あなたの話に疑いをもつこともあるでしょう。

相手が極端にあごを動かすタイプなら、関わり方を考えたほうがよいかもしれません。

あごの角度 2つの違い

あごを上げて話す人

尊大で、自分を偉そうに
見せようとするタイプ

あごを引いて話す人

気が小さく、譲歩の気持ちが
強いタイプ

あごの角度によって、性格は対照的になる

あごがよく動く人は、信
用できないかも

不機嫌なときはこんな態度に表れる

不機嫌な気持ちは身体の動きに表れる

恋人や好きな人と話しているとき、表情には出ないものの、なんとなく相手がそわそわしていたり、話していて落ち着かない気持ちになることはありませんか?

感情は、顔だけでなく、身体全体の動きに表れます。とくに相手の負の感情を読むには、顔の変化より、身体の動きに注目したほうがよいのです。

さまざまな感情で表れる態度やしぐさを、順に見ていきましょう。

＊

①怒り――人は怒っているとき、頭や足の動きが多くなりますが、手の動きは少なくなります。こうしたはっきりした変化がなくても、相手がゆっくりと、あなたのかなり近くまで接近してくるときは、怒っているととらえたほうがよいでしょう。

②恐れ――恐れを感じている相手は、あなたからかなり遠く離れてとどまって、視線を合わせようとしません。遠くから、あなたの様子を注意深く見つめようとするためです。

③憂鬱――憂鬱な気分のときには、頭の動きが少なくなり、足の動きが多くなります。

④ストレス――ストレスのある状況で、自分が動揺するような話題について話しているときには、人は身体の動きが多くなり、身振りも多くなります。

このような態度やしぐさが相手にみられたら、話題を変えたり、そっとしておく時間をもつなどして、相手を見守る姿勢をもちましょう。

不機嫌さを表す4つの態度

恐れ

・遠く離れる
・視線を合わせようとしない

怒り

・頭や足の動きが増える
・手の動きは少ない

ストレス

・身体の動きが増える
・身振りも多くなる

憂鬱

・頭の動きが少なくなる
・足の動きが増える

相手にこのような態度がみられたら、
話題を変えたり、時間を置くのが賢明

Column

寝ぞうで相手の性格がわかる

寝ぞうに表れる6つの性格タイプ

人の性格は、寝ぞうにも表れることを知っていますか？

アメリカの精神分析医**サミュエル・ダンケル**は、たくさんのクライアントとの面接経験から、寝ぞうが性格や現在の心理状態を表すことを発見しました。

大きく分けると次の6つのタイプに分かれます。誰かに頼りがちな「完全なる胎児型」、バランスのとれた性格の「半胎児型」、自分中心でもあり、几帳面でもある「うつ伏せ型」、安定した自信家の「王者型」、悩みや不安を抱えた状態にある「鎖につながれた囚人型」、眠りの浅い人に多い「スフィンクス型」……と、それぞれに特徴があります。

あなたや大切な人は、どのタイプでしょうか？

完全なる胎児型

横に丸まって眠る。自分の殻に閉じこもり、いつも誰かに頼りたがるタイプ

半胎児型

横を向いて、ひざを少し曲げて眠る。

人に安心感を与えるバランスのとれた性格で、ストレスをためこまずにうまく解決できるタイプ

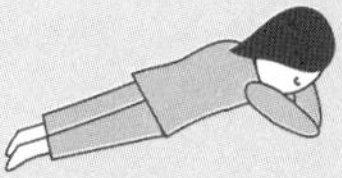

うつ伏せ型

ベッドを独占するようにうつ伏せに眠る。
自分中心に物事を進めるところもあるが、几帳面さももったタイプ

王者型

身体全体を伸ばしてあおむけに眠る。
安定した人柄で自信家。開放的で考え方が柔軟なタイプ

鎖につながれた囚人型

ひざを離してくるぶしを重ねて横を向いて眠る。
仕事がうまくいかないなど、悩みや不安を抱えているタイプ

スフィンクス型

背中をもち上げ、ひざまずいて眠る。
眠ることを拒否しており、眠りの浅い人や不眠気味の人に多い

座る位置でわかる相手の性格とふたりの親密度

親密さが増すのは90度か横隣

座る位置は、心理面に大きな影響を与えます。ですから人は、無意識に自分にとって都合のよい席を選びます。

この点を踏まえて、一般的な四角いテーブルで、あなたに対してどの位置に座るかで、相手の心理を解読する方法があります。

＊

1　互いが90度になる位置

テーブルの一方の角を使う座り方です。この位置取りがもっとも一般的です。

視線を合わせることとなく、近い場所で話ができるので、緊張を避けながら、ある程度の親密度を維持できます。

2　真正面の位置

改まったビジネスライクな位置取りです。親密度はあまりありません。あなたに対抗したり、あなたを説得したりするつもりの人も、この位置に座ることが多いといえます。

3　横隣に並ぶ位置

共同作業をしやすいことからもわかるように、かなり親密な間柄といえる位置です。

4　斜め向かいの位置

もっとも遠い位置です。遠くに座るほど、親密度は薄れます。ただし、小さなテーブルではす向かいに座るのは、視線を直接合わせずに親密感を保ちたいのだと見ることもできます。

4つの座り方でわかる 相手との心の距離

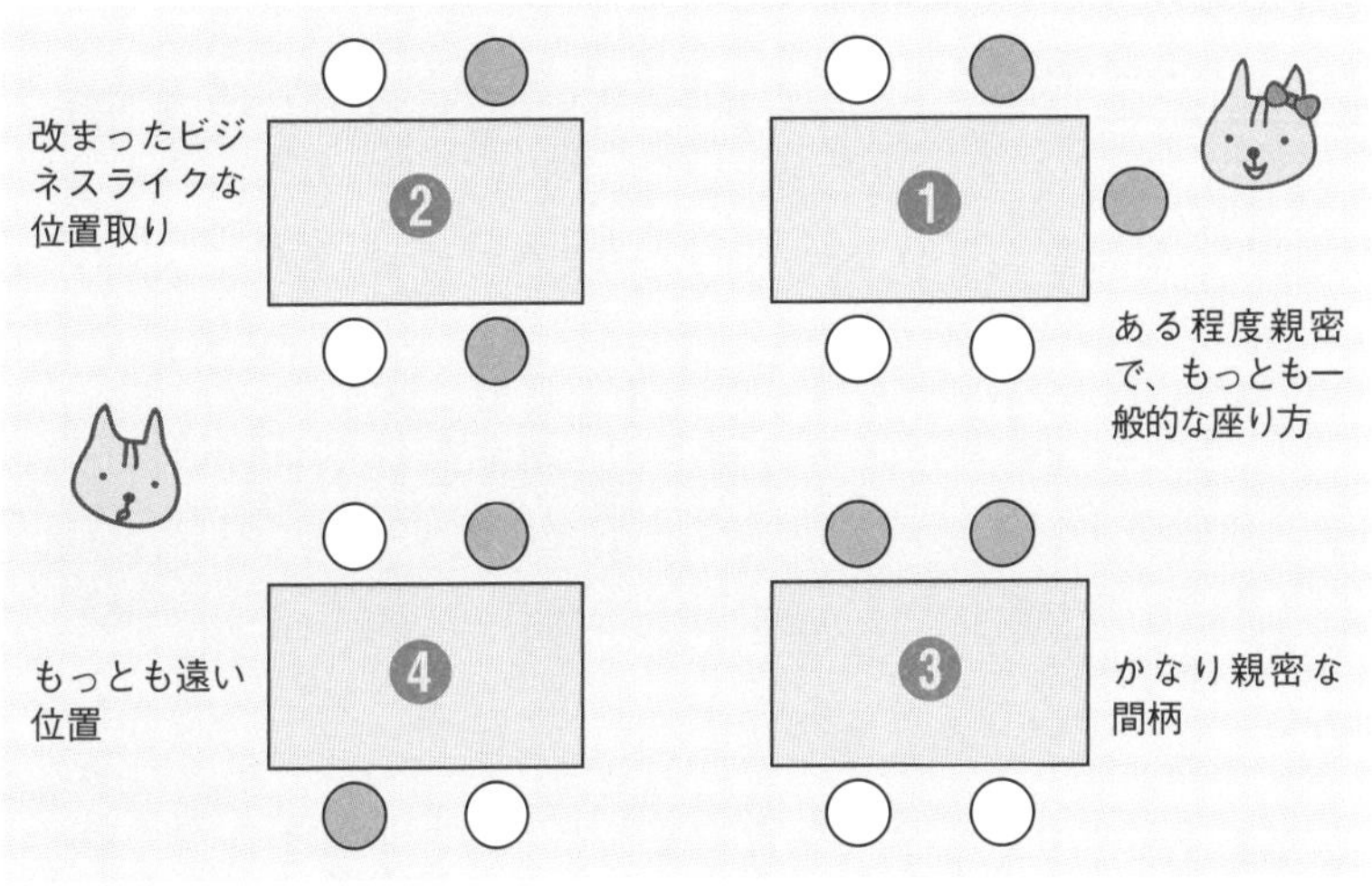

Column

腰かける度合いでも性格が見えてくる

性格との関連でいえば、②（真正面）が外向的、積極的な性格、④（斜め向かい）が内向的、消極的な人が選びがちな位置です。

座ったときに浅く座るか、深く座るかというところも重要です。

浅く座る人は、野心家で競争を好み、がむしゃらに働くタイプの人が多く、深くゆったりと座る人は、その逆の、安定しておおらかなタイプに多いといえます。

タッチングで親密度を高める

時には言葉より触れ合いを大切に

タッチング、すなわち身体的な接触は、とくに自分自身の感情を伝えるもっとも優れたコミュニケーションだといえます。

性研究者として有名な**マスターズ**と**ジョンソン**は、「効果的なセックスはコミュニケーションの極限である」と語っています。

けんか別れしたあとや、2人の関係が悪化しそうなとき、愛の告白をしようとするとき、あなたならどうしますか?

このようなときには、愛の言葉を投げかけるより、黙って優しく女性の身体に触れたほうが、はるかに効果的です。

身体に触る行為には、セックスとは別に心理学的な効果もあります。たとえば、ある人に初対面の人物を紹介したあとで、その人物の印象を尋ねるという研究があります。

まず、話をしないで顔を見ただけの相手には「横柄だ、大人気ない、冷たい」などとマイナスの評価に偏りました。

それに対して、握手だけをして、顔を見ることも話すこともしないで別れた相手には、「信頼できる、大人らしい、温かい、真剣だ」などと好意的な評価がなされました。

このように、身体に触れることで、人間的な親密感を与えることができるのです。意中の相手と仲直りをしたいとき、2人の関係をもっと縮めたいと思ったときには、自分の感情をタッチングで示しましょう。

タッチングは仲直りに効果的

許してあげない
もう口も
きききたくない
言葉をかけるより、
黙って相手に触れる
人間的な親密感が
よみがえる

二人の距離を縮めるには、タッチングが有効

設問では、あなたに対する相手の行動を紹介します。
それぞれの項目を読んで、その行動がYESの気持ちを表しているものなのか、
反対にNOの気持ちを表しているものなのか、判断してみてください。

07 まぶたを細くして、瞳孔を縮小させる

08 あなたの動作や表情をまねる

09 口はかたく閉じられており、唇がかわいている

10 衣類からゴミをとるようなしぐさをする

11 理由もなくめがねをかける

12 両手であごをささえる

13 1・2度うなずく

14 3回以上うなずく

15 電話が入ったとき、迷惑そうな顔になる

(「WINNING MOVES」Warner Books 1984年をもとに作成)

相手のYES・NOを見分けるテスト

01 腕は組まずに、デスクの上などに広げて置く

02 手や顔や口を隠さない

03 あなたが話しているとき、
身体と顔があなたのほうを向いている

04 落ち着いて座っており、あなたの動きを追うほかは、
ほとんど動かない

05 表情に緊張感がなく、あなたの話に耳を傾け、
かすかに口が開いていたりする

06 靴ひもを結びなおしたり、ベルトをゆるめたり、
くつろいだしぐさをする

24 あなたの腕をたたいたり、背中をどんと突いたりする

25 指で額の真ん中を押す

26 指を鼻の下や脇にあてがったり、鼻をこすったりする

27 何かを思い出そうとして、天井を見上げる

28 指でデスクをたたく

29 身体をゆすったりまるめたりする

30 頻繁にまばたきしたり、長い間目をつぶったりする

16	17	18	19	20	21	22	23	24	25	26	27	28	29	30
N	N	N	N	Y	Y	Y	Y	Y	N	N	Y	N	N	N

16 両手を頭の後ろに組む

17 頭や身体を横に傾けたり、後ろにそらしたりする

18 頭や顔を手でさすったり、かいたりする

19 立ったままの姿勢をくずさない

20 デスクからくつろげる場所に席を移す

21 デスクの上にあった障害物を取り除く

22 何かを受け取るとき、すぐにあなたのほうに身体を乗り出す

23 唇を舌先で湿らす

01	02	03	04	05	06	07	08	09	10	11	12	13	14	15
Y	Y	Y	Y	Y	Y	N	Y	N	N	N	N	Y	N	Y

第5章

すれ違いの心理学

Contents

嫉妬のメカニズム

嫉妬は不安定な関係が原因

真剣に恋をしたことがあるなら、ほとんど誰もが**嫉妬**の気持ちを抱いたことがあるのではないかと思います。

嫉妬心は、どのように生まれるのでしょうか？

嫉妬は、愛情に変わる感情で、自分に向けてほしい愛情、あるいは当然自分のものだと思っていた愛情が、自分以外の他者に向けられたときに生まれてくるものです。

つまり、嫉妬心の根底にあるのは、愛情を自分だけのものにしたいという独占欲です。

恋のライバルが現れたときに嫉妬するのは、ライバルを自分と同じレベルだとみなしている場合で

Column

行き過ぎた嫉妬に注意

行き過ぎた嫉妬心は、恋の寿命を縮めてしまうこともあります。恋人があまりに嫉妬深いと、必要以上に行動を拘束されたり、愛情を奪おうとする相手に対する攻撃行動を生み出すこともあります。そのような行動を続けていると、相手に「わずらわしい」「面倒くさい」という気持ちを抱かせてしまうので要注意。

かわいげのある嫉妬は、相手に愛される喜びを与えられますが、あまりに嫉妬ばかりしていると、恋愛が長続きしなくなるので気をつけましょう。

嫉妬をする人の性格的特徴

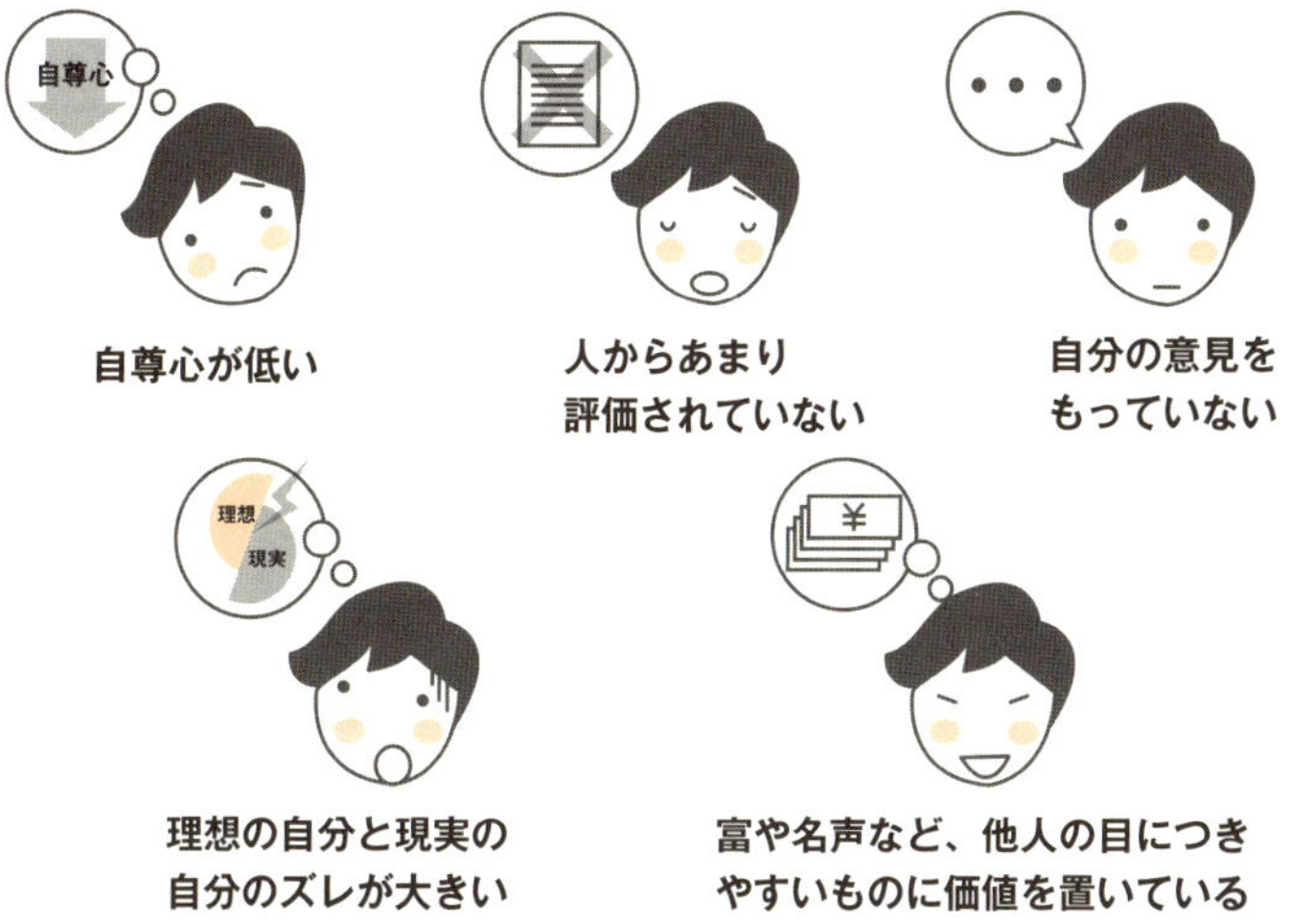
自尊心
自尊心が低い
人からあまり
評価されていない
自分の意見を
もっていない
理想
現実
理想の自分と現実の
自分のズレが大きい
￥
富や名声など、他人の目につき
やすいものに価値を置いている

す。もし、自分にはかなわない相手だと思っているなら、嫉妬ではなく羨望の気持ちを抱くからです。

2人の間の愛情の強さは、常にバランスがとれているとは限らず、どちらか一方の愛情が強く、もう一方はあまり強くないということがよくあります。

惚れた弱みから生まれる〝最小関心の法則〟

このような場合、**最小関心の法則**が成り立ちます。

具体的にいうと、惚れ込んでいるほうが、惚れ込まれたほうのいいなりになってしまうというものです。惚れ込まれている側（最小関心の側）は、相手の愛情を独占しているという自信をもっていますが、惚れ込んでいる側は、その自信がありません。

そのため、独占欲を刺激され、自分だけに愛情を向けさせようとして、相手のいいなりになってしまうのです。

尽くすタイプの落とし穴

「愛されたくて尽くす」は危険

恋愛をすると、つい相手に尽くしてしまう人がいます。あなたのまわりにも思い当たる人がいるのではないでしょうか？

心理学者のルービンによれば、恋愛には3つの領域があるといいます。第一の領域は「他者を必要とすること」、第二の領域は「他者の世話をすること」、第三の領域は「他者を独占し夢中になること」です。

尽くすタイプというのは、自分を犠牲にしてでも相手のために何かをする人たちのことを指します。このような行動は第二の領域にあたり、恋愛をしている人の行動としては、妥当なものといえます。

しかし、過度に尽くす人たちの心の内側には、「相手の気持ちをこちらに向けたい」「相手の気持ちをつなぎとめておきたい」という心理が見え隠れします。

つまり、純粋でまっさらな愛情で相手に尽くしたいと思っているのではないということです。

尽くせば尽くすほど立場が弱くなる

また、尽くすタイプの人たちの中には、尽くすことでしか愛情を表現できない人がいます。自分の感情をうまく表現することができないので、尽くすというわかりやすい行動に出てしまうのです。

しかし、尽くしてあげれば報われるというものではありません。尽くされた側にとってみれば、それが重荷になることがあるからです。

恋愛における3つの領域

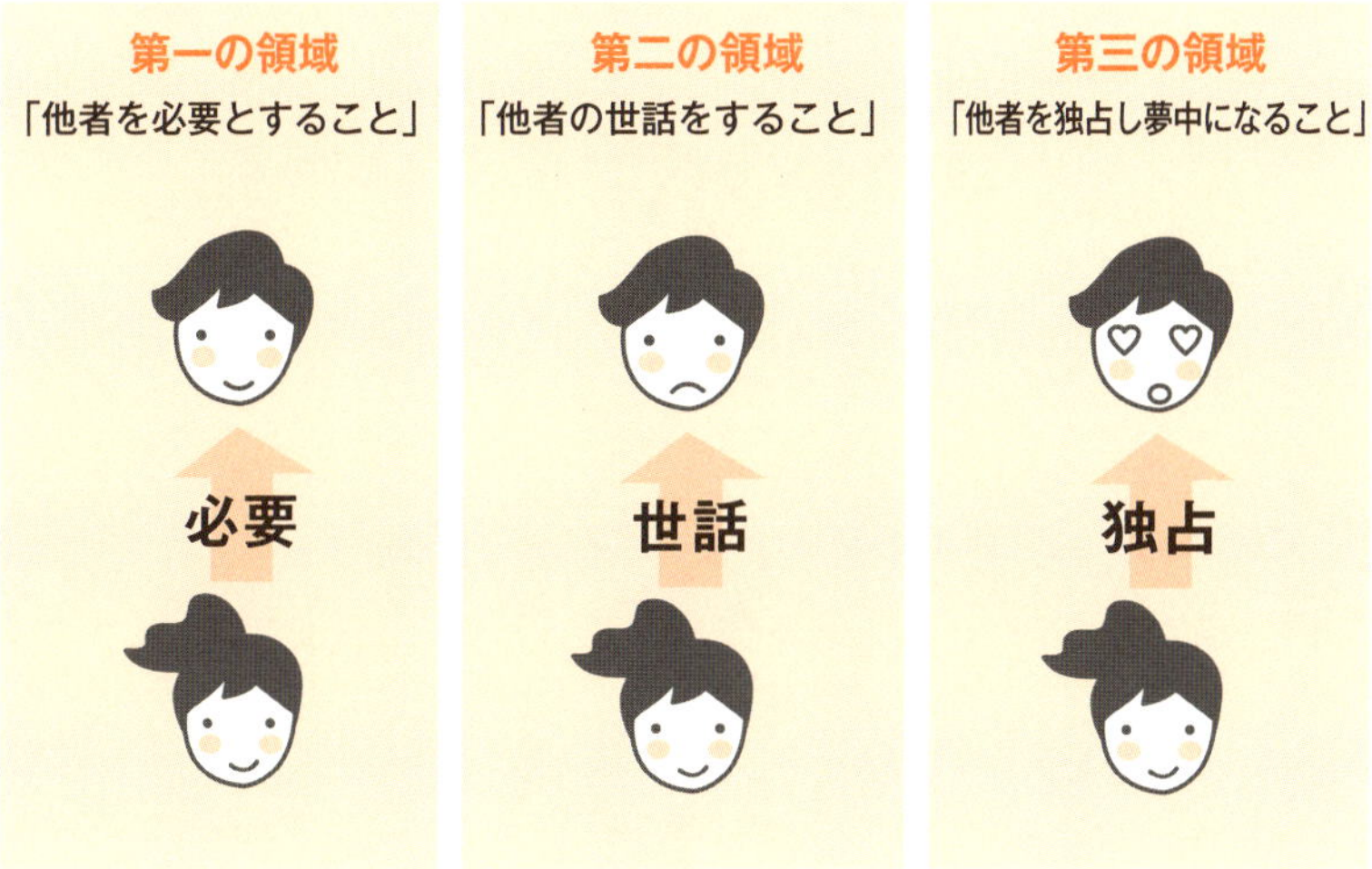
第一の領域
「他者を必要とすること」
必要
第二の領域
「他者の世話をすること」
世話
第三の領域
「他者を独占し夢中になること」
独占

どちらか一方が尽くす、もう一方が尽くされるという関係性は対等ではないので、尽くす側の立場が弱くなっていきます。そうなると、尽くされた側が次第に相手を粗雑に扱うようになっていくようになったり、浮気をしたり……ということも起こりやすくなるのです。

いつも尽くしすぎて振られてしまう人は、このパターンを繰り返しているといえます。

対等な関係を心がけよう

「あなたのためにこんなにいろいろしてあげているのに！」という尽くす側の思いを、尽くされた相手がどんどん負担に感じるようになると、関係は破綻に向かってしまうのです。

あなたがもし尽くす恋愛で失敗を繰り返しているなら、お互いが対等の関係でいられるよう、相手から尊敬される努力や工夫が必要であるというサインです。

Column

本物の恋愛に打算は禁物

尽くした分だけ求めてしまう

前項でも触れましたが、尽くす愛について、もう少し詳しく解説しましょう。

「自分は相手に尽くすのが好きだから」という気持ちの裏には、**社会交換理論**が働いている可能性が高いといえます。

社会交換理論とは、自分がかけたコスト（時間や労働力）と得られる報酬（満足や喜び）を比較して、満足のいく報酬である場合に二人の関係が持続するという考え方です。

この理論は、自分がやったことと同じだけ返してもらうのは当たり前だという考え方に基づいています。「これだけ尽くしているのだから、同じくらい相手にも……」と思ってしまうタイプの人がこれにあてはまります。

しかし、コストと報酬に重きを置いてばかりいては、本当のつながりや信頼関係は、いつまでたっても築くことができません。

恋愛感情≠社会交換理論

恋をするということは、言葉では説明できない魅力を相手に感じるところから起こるものです。ですから、本来は恋愛に社会交換理論をあてはめることはできません。

本物の恋愛がしたいなら、打算は禁物です。

一度に多くの恋人を欲しがる人の心理

心が移ろうのは、本当に合う相手を選んでいないから

動物の生態学的にいえば、種の保存のためにハーレムが形成されることはよくあります。ただ、一対一の組み合わせをよしとする文化の人間社会にいながら、複数の相手を求める人がいるのはなぜでしょうか。

その理由を解説しましょう。

男性に関していえば、多くの女性と付き合っていることがステイタスになる場合があります。「英雄色を好む」という言葉があるように、たくさんの女性と交際することで、自分の社会的ステイタスが上がると考える男性がいるのです。このような男性にとっては、付き合っている女性をブランド品と同じようにとらえている傾向があります。

もうひとつは、自分に本当に合う相手を選んでいないことが、ひとりの恋人で満足できない原因になっているケースです。これは、男女問わずいえることです。一緒にいて本当に心が満たされる相手と交際していれば、ほかの相手を求めようとは思いません。心が充足していないから、新しい相手を求めてしまうのです。

ただ、相手に満足できるかどうかは、**要求水準**の高さにもよります。要求水準が高い人は、なかなか相手に満足することができず、物足りなさを感じてしまいます。そして、自分にはもっと理想的な相手がいるのではないかと、新たな恋人探しをはじめてしまうのです。ですから、要求水準が高い人は、恋人が定まりにくいケースが多いといえます。

心が満たされる相手を選ぼう

自分に合う相手を選んでいなかったり、相手に求めるものが大きい（要求水準が高い）と、なかなか恋人が定まらない
俺って英雄♪

一緒にいて心が満たされる相手と交際できれば
ほかの相手を求めようと思わない

自分に合う相手を
見つけないとね

職場で不倫に陥る可能性は誰にでもある

会えば会うほど好意度が高くなる〝熟知性の法則〟

テレビのCMや広告などで、同じ商品を何度も何度も目にしていると、いつのまにか、その商品がなんとなくいいものに思えてしまいます。このような心理は、**熟知性の法則**によって説明することができます。これは、繰り返し同じ情報を見聞きするうちに、無意識のうちにそれに対する好感度が高まるという現象です（＝**単純接触の原則**）。

「なぜあんなにぱっとしない男性に不倫相手がいるのだろう……」と思ったことはありませんか？

職場で不倫が起きやすいのも、この熟知性の法則が働くためです。

毎日職場で顔を合わせるうちに、いつのまにか相手を好きになってしまうのです。

社会心理学者の**ザイオンス**は、次のような実験でそれを確かめています。

12枚の顔写真を用意し、それを被験者に見せるのですが、写真ごとに見せる回数に差をつけておきます。そして、写真を見た後に、その人物に対してどの程度の好意度を抱いたかを答えてもらったのです。すると、次ページの図のように、見る回数が多かった写真ほど、好意度も高くなるという結果が得られました。

ザイオンスは、アルファベットの意味をなさない綴りや漢字を使っても、同様の実験を行っています。

結果は写真の場合と同じで、目にした回数が多くなるほど好意度も高くなりました。

会えば会うほど好きになる

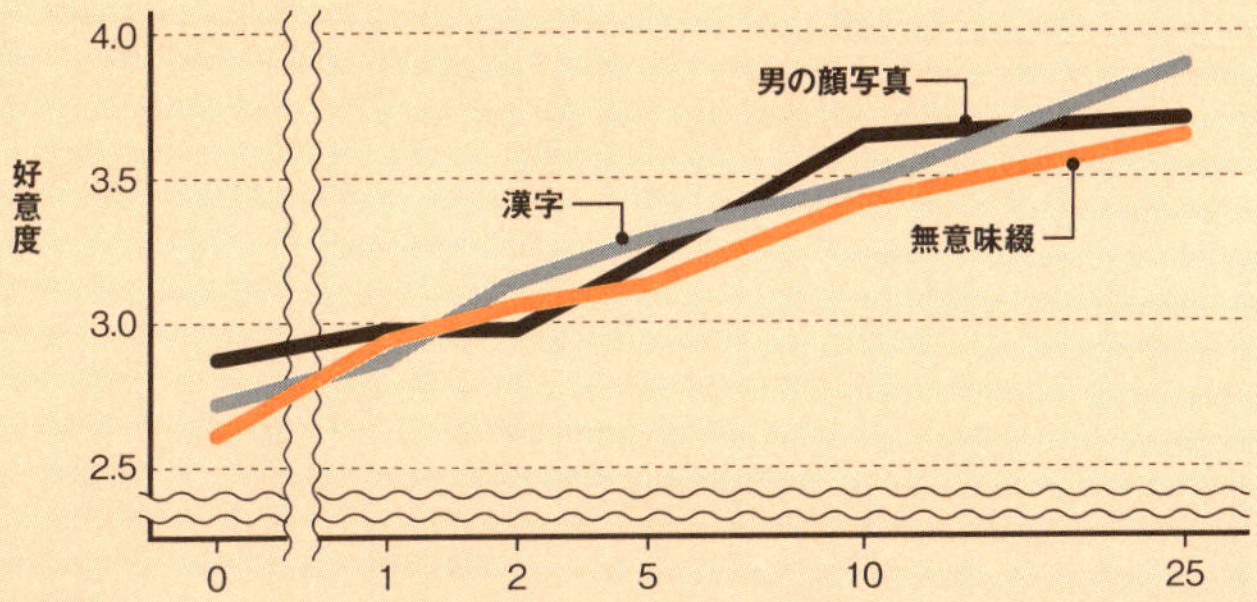
4.0
3.5
3.0
2.5
好意度
男の顔写真
漢字
無意味綴
0
1
2
5
10
25

大学の卒業アルバムから抜き出した男性の顔写真12枚を被験者に見せる。それぞれの顔写真を見る回数を変え、どの程度好意をもつかをたずねる。その結果、見る回数の多かった顔写真ほど好意をもつようになることがわかった。漢字や無意味なアルファベットの綴りについても同じことがいえる。

(R.Zajonc,1968)

ただ顔を見合わせるだけで好きになっていく

職場の若い女性と、その上司にあたる男性が不倫の関係にあるとしましょう。女性のほうは、男性に対して「優しい」「頼もしい」といった魅力を感じているかもしれません。

しかし、本当はただ毎日顔を合わせているだけで好きになっている可能性があるというわけです。

無意味な綴りや意味がわからない文字でも好きになるのですから、普通ではあまり魅力を感じないような中年男性を好きになるのも、決して不思議なことではないのです。

不倫に限らず、職場恋愛が多いのは、そういうことかぁ

ネット恋愛が生まれる理由

コストの低さと手軽にできる“リセット”が要因

昨今、携帯電話やSNSなどを利用したネット恋愛が急速に広まっています。なぜ、人はネット恋愛に惹かれるのでしょうか。

ひとつ目の理由は、コストが低いことです。恋愛中のカップルにとっては、デートすることが報酬で、デートのために約束の連絡をする手間、デートに費やす時間、交通費、飲食費などがコストだという考え方があります。実際にデートをするには、それなりのコストがかかるというわけです。しかし、ネット恋愛では、メールのやりとり自体が報酬にあたり、そのために必要なコストは、メールをやりとりする時間と報酬だけです。2つ目の理由は、相手に対する虚像が生み出されやすいことです。メールの文面には後光効果をもたらす情報（職業、学歴、年収など）が盛り込まれたり、**好意の返報性**※を生み出す「好きだ」といった言葉が多用されたり、誇大な**自己呈示**※が展開されたりします。それによって、現実では出会えないような相手から、実際にはかけてもらえない言葉をかけてもらえるのです。

ネット恋愛がこれだけ広まったことには、もうひとつ大きな理由があります。それは、リセットが簡単であることです。メールアドレスや携帯電話を変えるだけで、簡単に恋を終わらせることができます。うまくいかなければ、リセットボタンを押し、すぐに次の恋愛に気持ちを向けられる。恋を育てるのも壊すのも自分次第。

この手軽さが、現代人を引きつけるのです。

ネット恋愛のメリット・デメリット

はじまりもおわりも手軽なネット恋愛は、コストも低く、相手に対して夢を抱くこともできるメリットがある

デメリットは、相手を美化してしまったり、本物の心のつながりを築けないことがあること

はじまりがネット恋愛でも、生身の人間同士の関わり、つながりを重視することが大切

好意の返報性…自分に好意を示す人物には好意をもつようになるが、自分に嫌悪感を示す人物には嫌悪感をもつようになる現象

自己呈示…自分について、都合のよい情報だけを選択して相手に呈示すること

Column

恋ができないと思っている人へ

過去が原因の可能性も

恋人がほしいと思っているのに、なかなか行動に移せないという声をよく耳にします。あなたはいかがでしょうか？

どうしても行動できない人には、ある理由が考えられます。それは**マイナスの条件付け**です。

マイナスの条件付けとは、あることに対してつらい経験をしたあとに、そのことに対して臆病になってしまうことをいいます。

たとえば昔、異性にいじめられたり、異性の親にひどい仕打ちをされたせいで、心を開けなくなっている人は、それにあたります。

恋愛ができないと感じている人は、これまでの生育環境を振り返り、乗り越えることで前に進めるようになります。

異性の友人をつくることからはじめよう

対策としては、異性の友人をつくるところからはじめることです。

学校や、職場や習い事、友人のつながりなどで、話しやすい異性との会話を大切にしましょう。

ドキドキするような相手より、話しかけやすい人とコミュニケーションをとる機会を増やしましょう。

はじめから恋愛を意識するではなく、異性の友人をもつというところにハードルを下げれば、自然なコミュニケーションができるようになり、心のリハビリにもなります。

やがて少しずつ、恋愛に前向きになることができますよ。

少しずつならしていくのがおすすめだよ

不幸な恋にはまる人の特徴

「どうせ自分なんて」「運が悪い」が口癖

不幸な恋愛をする人は、いつも同じ過ちを繰り返しています。次こそは幸せになりたいと思っても、たとえば暴力をふるったり、お金にだらしなかったり、浮気の常習者であったり……といった、問題のある人とばかり付き合い、同じ失敗を繰り返すのです。このような不幸のスパイラルに足を踏み入れてしまうと、なかなか抜け出すことができません。

このようなパターンに陥ってしまう人には、2つの理由が考えられます。

ひとつめの理由は、同じようなタイプの人と付き合うほうが、関係を築きやすいからです。過去の経験から、どのように恋をはじめればいいのかがわかっているため、そちらに流れてしまうのです。

もうひとつは、**自我関与の効果**が考えられます。人は、自分が深く関わったことに対しては思い入れが強くなります。ですから、不幸な恋愛をする人は、相手に振り回されたり苦労をすることで、自我関与を深めてしまうのです。相手に問題があればあるほど深く関わることになるわけですが、その関わり方を恋愛だと思い込んでしまい、平和で自立しあった関係を選択しなくなっていくのです。

不幸のスパイラルにはまる恋愛から抜け出すためには、同じタイプの人との付き合いを断ち切るしかありません。不幸に執着しているのは、自分自身ですから、「どうせ自分なんて」「自分が悪い」といった考えを捨てるところからはじめる必要があります。

不幸な恋は自分で引き寄せている

不幸な恋愛をする人は、相手に振り回されて深く関わることを恋愛だと思い込んでしまう

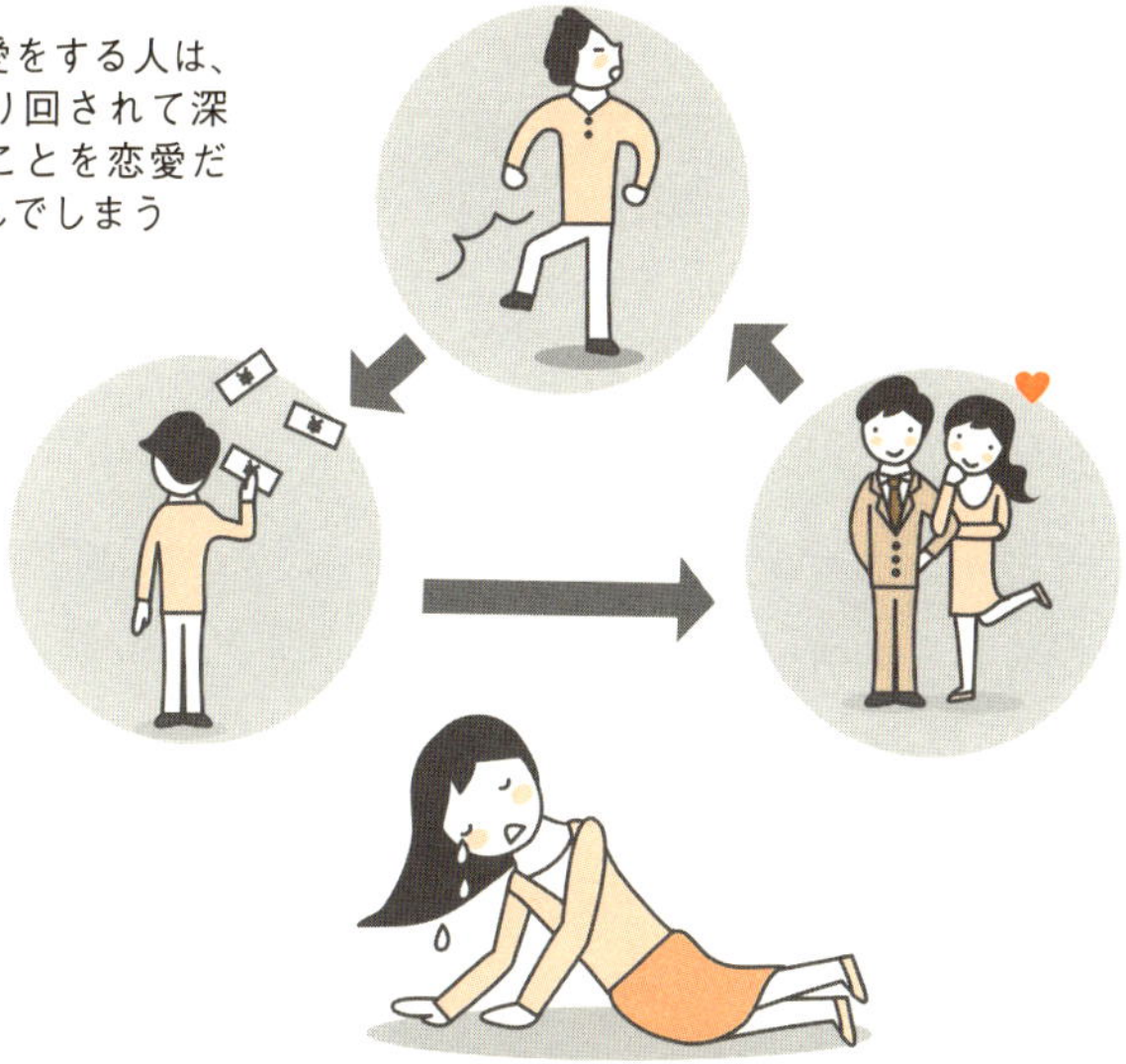

不幸スパイラルから抜け出すには、
同じタイプの人との付き合いを断ち切るしかない

マイナスの口ぐせは
マイナスの現実を呼
ぶので注意

恋が長続きしないのはなぜ？

うまくいかない理由を相手のせいにしがち

付き合っても関係が続かないという悩みをもっている人が多くいます。そのような人のタイプには、共通する傾向があります。心理学の用語でいうと、外的帰属タイプの人です。詳しく解説しましょう。

何か問題が起こったとき、その原因をどう解釈するかを、**原因の帰属**といいます。自分に問題があったととらえることを**内的帰属**、自分以外に問題があったと考えることを**外的帰属**といいます。

たとえば恋がおわったとき、「自分がいけなかった」と考えるのが内的帰属の人です。一方、「あの人のせいだ」「あんな人だとは思わなかった」と、相手に非があったと考える人は外的帰属型の人です。

外的帰属の人は、自己反省の意識がないため、たとえ自分に問題があったとしても、自分の非を認めず、歩み寄らないという傾向があります。そのため、いさかいや行き違いを修復することができず、一気に関係が破綻してしまうことが多いのです。

恋が長続きしない人は、外的帰属タイプの人が多いといえます。また、このようなタイプの人は反省をしないため、同じような恋愛を繰り返し、同じ別れ方を短期間で繰り返す傾向があります。

一方、内的帰属タイプの人は、問題が生じたときに、自分にも原因を探すので、問題が起こっても修復することができます。常に自分のせいにばかりすると苦しくなりますが、恋愛は2人の問題ですから、長続きさせたいなら、お互いの歩み寄りが大切です。

恋が長続きしない「外的帰属タイプ」

内的帰属の人

内的帰属の人は、恋愛がうまくいかない原因を自分のせいにする

外的帰属の人

外的帰属の人は、恋が長続きしない原因を、相手のせいにする

恋愛を長続きさせたいなら、
お互いの歩み寄りが大切

恋愛ってバランスが大切だよね

とにかく自分に自信がないという人へ

セルフ・ハンディキャップに気づこう

自分に自信がなくて恋に踏み出せないという人の声をよく耳にします。

人は自分に自信がなく、達成できそうもないことに対して、自分で自分にいいわけをします。これを**セルフ・ハンディキャップ**といいます。

セルフ・ハンディキャップが強くなると、今度はいいわけしたいことに対して、過剰に防衛反応を示したりします。

たとえば「忙しくて恋愛する時間がない」などと、恋愛に自信のない自分の行動を合理化するのです。

これは、自分の抱えるコンプレックスを隠して強がっているために起こる状態で、この表面的な優越感でコンプレックスをごまかす状態を**優越コンプレックス**といいます。恋することを恐れている人に起こりがちな現象です。

自分と向き合うことを恐れずに

セルフ・ハンディキャップに気づいたら、自分が何を怖がっているのか、何が恋をするネックになっているのか、一度しっかりと向き合うことが大切です。

はじめは怖く感じるかもしれませんが、原因に気づけば心はとても楽になり、次第に新しい恋に目を向けられるようになります。150ページのワークで掘り下げてみてください。

過度なコンプレックスがあると恋に踏み出せない

忙しくて恋愛
する時間がない

自分のコンプレックス
をごまかしているだけ

本当は…

恋人がほしいけれど
自信がないの…

何がネックになっているのか、
しっかりと向き合うことが大切

自分を見つめてみる作業は、意外と怖くないものだよ

新しい恋に踏み切る前に、恋愛に対する自分の心のブロックと向き合ってみましょう。

Q　どんな恋ができれば、しあわせだと思いますか?

しあわせな恋愛をするために過去をバネにしよう

あなたの恋愛ブロックはどこにある？

Q あなたにとって自信のないところは、どのような部分でしょうか？

Q 過去の異性関係で、どのようなことに傷つきましたか？

DVを受け入れてしまうのはなぜ？

「自分が我慢さえすれば」が問題を増長

DVとは、ドメスティックバイオレンスという言葉の略で、配偶者や恋人が、一方的に相手に暴力を加えることをいいます。被害者の大部分は女性です。

被害者が受ける暴力の種類はさまざまで、身体的暴力のほかにも、性的暴力（性行為や中絶の要求）、心理的暴力（言葉や行動での脅し）、言葉の暴力（暴言・侮辱）、経済的暴力（生活費を入れず、相手の行動を制限）などがあります。

このような状況でDVが起こる背景には、いったいどのような理由があるのでしょうか。

DV被害者の考え方によくみられるのが「自分が我慢さえすれば、暴力はおわるにちがいない」という考え方です。

本来、動物は無抵抗な相手に対しては過度な攻撃を加えないという特性をもっているのですが、DVは、無抵抗な人に対して暴力をエスカレートさせていく傾向があるため、そのような考え方は通用せず、どんどん状況が悪化していきます。

強い女性が被害に遭うケースも

また、最近問題になりはじめているのが、強い女性がDV男性から逃れられなくなるというケースです。これは、受験や社会進出などで、男性と対等に能力を発揮してきた女性が陥りがちです。

女性の特徴としては、高学歴で、人生においてさ

我慢はさらなる被害を生む

ＤＶは、無抵抗な人に対して暴力をエスカレートさせていく傾向がある

DVは我慢すればするほど、事態が悪化していく

まざまなハードルを乗り越えてきた経験をもっていますから、ＤＶに対しても逃げるという選択をしません。

相手の暴力も自分の力で克服できると考え、誤った努力を続けるうちに、深刻な状況に陥ってしまうのです。

しかしＤＶ被害から逃れるには、第三者の介入以外には、ほとんど道がありません。外部の協力によって加害者と距離を置く必要があります。

自分の内側にためこまず、早く相談するべきだよ

「私がいなければダメ…」が不幸のはじまり

お互いに不幸になっていく〝共依存〟の関係

前項のＤＶについて、もう少し詳しく説明すると、加害者と被害者との間に**共依存**の関係があるケースも指摘されています。共依存とは一方が相手を頼って依存し、もう一方も相手に頼られ依存されることで、自分自身の存在意義を見い出すことをいいます。

たとえば、暴力を繰り返す男性やアルコール依存症の男性からひどい目に遭っている女性が「この人は私がいなければダメなんだ」と思い込み、耐えながら、かいがいしく世話をしているのが、共依存の関係です。

これは一見、男性に対する愛情深い行為のように思えますが、じつは、女性が逃げ出さないことで、相手はいつまでたっても甘えてしまい、男性の自立を妨げる大きな要因になってしまうのです。

こうした場合、被害者である女性は、自分を犠牲にするという行為によって自己満足を得ています。つまり、破綻している相手に尽くすことで、自分自身の存在意義を確認しようとしているのです。

自己評価の低い人が〝共依存〟に陥りやすい

共依存に陥る人は、自己評価が著しく低く、自分に自信がないため、苦しい思いをしながら誰かに奉仕することで自尊心を支えています。

恋人関係のほかに、仕事中毒の夫を支える妻や、ニートやひきこもりの面倒を見る親なども、共依存の場合があります。

どちらも自立できなくなる〝共依存〟の恐ろしさ

共依存とは、一方が相手を頼って依存し、もう一方も相手に依存されることで、自分自身の存在意義を見い出すこと

被害者は自分を犠牲にすることによって自己満足を得る

共依存に陥る人は、自己評価が著しく低いタイプに多い

どちらかが抜け出さない限り、
負の連鎖は断ち切れない

Column

ストーカーのゆがんだ心理

間違った思い込みが生む「妄想性認知」

甘い気持ちから生まれた恋心が、いつしか嫉妬や憎しみ以上のものに形を変えてしまうことがあります。**ストーカー**は、その代表的な例といえます。

ストーカーとは、相手も自分のことが好きだと思い込み、ひとりのターゲットにつきまとって、相手のプライバシーを著しく侵害していく行為のことをいいます。

ストーカーには、有名人や憧れの人など、関係が希薄な人に対して行われるものと、恋愛や婚姻の関係にある、あるいはそれがおわった相手に対して行われるものとがあります。前者の場合は、**妄想性認知**が原因です。妄想性認知とは、ひとつの事実に対して間違った思い込みをしてしまうことで、自分がこんなに好きなのだから、相手もきっと自分を好きなはずだという発想をしてしまうというものです。

これには、妄想や自己偏愛などの人格障害が含まれていることもあります。

親密だった過去があると相手を遠ざけにくい

一方、恋人関係や婚姻関係がおわった後にストーカーになってしまうケースは、これまでの2人の関係が壊れたことを受け入れられない人が引き起こします。関係を継続させることに、異常なほど執着し、離れようとする相手に恨みを抱き、怒りをぶつけるのです。

この場合、一度親密になった相手なだけに、遠ざけることが難しくなることがよくあります。

ストーカーの被害が起こった場合は、自分で解決しようとせず、警察や専門機関に相談しましょう。

事態が悪化していく前に対策をとろう

夫婦は一心同体と考える夫は離婚を招きやすい？

女性は「夫婦は他人だ」と考える傾向

あなたは、夫婦は他人だと思いますか？　それとも一心同体だと思いますか？

ある心理学の調査で、結婚している男女に「夫婦は他人だと思いますか？」という質問をしたところ、女性の多くは「イエス」と答え、男性の多くは「ノー」と答えたという報告があります。

男性は一般的に結婚すれば、他人ではなく特別な関係だと思う傾向があります。一方で、女性は結婚しても夫婦は別々の存在、つまり他人であると考えている人が多いといえます。これは決して女性が冷たいと言っているわけではありません。

女性は、「夫婦は他人である」と考えることで、2人の関係をよくするための努力を怠らず、コミュニケーションをとり、日々関係を強くできるよう心がけようとしているのです。

男性のもろさ、女性の強さ

それに対して、男性は関係性を築いていくのがあまり得意ではありません。夫婦は一心同体だという意識をもっているので、努力して関係を強くしようと思わないわけです。夫婦は一心同体だと思っている男性は、離婚の危機を迎えたときに、混乱して修復を試みることができなくなります。

妻の場合は、夫婦は他人だと思っている分、危機的な状況を迎えても、対策を考えて修復につとめようとします。

夫と妻とでは夫婦のとらえ方がこんなに異なる

夫婦は
一心同体！
夫は
他人！

夫は、夫婦は一心同体だと考えているため、あえて努力して関係を築こうと思わない

妻は、夫は他人だからこそ、努力して関係を築こうと考える

円満な夫婦生活を送るには
関係をよくするための努力が必要

Column

夫婦生活はコミュニケーションを大切に

熟年離婚が増えていますが、妻に離婚を迫られるまで、夫婦関係の危機に気づかないという男性が驚くほど多く見受けられます。

結婚生活がうまくいくかどうかは、コミュニケーションが要となります。同じ屋根の下で暮らしているからといって、安心してしまうと、取り返しのつかないすれ違いを生むこともあります。

「妻は（夫は）最大の顧客」という言葉があります。とくに男性は、お互いを知る努力、関係をよくできるようにつとめる努力を、ぜひ意識してください。

Column

失恋をしてしまったら……

悲しみにどっぷり浸ってみよう

失恋は、つらく悲しいものです。

好きだった相手が去っていってしまったとき、それが本気であればあるほど、心にぽっかり穴があいてしまったり、立ち直れないくらい落ち込んでしまったりします。

こんなとき、そのつらい状況を乗り越えるためにはどうすればよいでしょうか。

ある心理学の調査では、「失恋したあとにどう過ごすか」という回答に、男女問わず次のような回答が多く寄せられました。

・楽しかったころのことを思い出す
・相手のことを思い浮かべる
・失恋ソングを聴く
・思い出の場所に足を運ぶ

あえて悲しみにどっぷり浸ることで、心を癒す人が多いようです。なかでも、失恋ソングを聴くというのは、歌の悲しみに共鳴して気持ちを浄化させる作用があります。これを**同質の原理**といいます。

失恋は、自分の弱さと向き合う機会です。

自分の弱さと向き合える人は、人に対しても強く優しくなることができ、次第に自分自身が強く魅力的になっていきます。

恋は自分を成長させられるすばらしい機会を与えてくれます。

真剣に恋をしたのなら、次は、もっといい恋愛が、あなたを待っているのです。

おわってしまった恋も、やがてはあなたの人生の糧になってくれます

第6章

恋愛を成就・継続させる心理学

Contents

好きな人には客観的な判断ができなくなる

恋愛感情が生まれると自分のものさしが変化する

ある人物に対して、その人がどのような人物かを評価するとき、誰もが自分のもっている価値基準をあてはめて判断します。この過程を**対人認知**といいます。そして対人認知では、恋人に対する評価が高くなるものです。

男性も女性も、魅力のある異性に惹かれます。顔やスタイルといった身体的魅力のほかに、人柄などの要素も重要な魅力となります。こうした魅力には、自分の期待が満たされるという「報酬」としての意味があると考えることができます。

ですから、男性も女性も魅力度の高い異性に惹かれ、なるべく高い報酬を手に入れようとするのです。

しかし、恋愛感情が生まれると、自分の中にあるものさしが変化します。そして、恋愛の対象となっている男性や女性の魅力度が急激に高くなり、周囲の人との間の評価にギャップが生まれるのです。

その背景には、自分の手にした報酬は、なるべく価値の高いものであると思いたいという心理も働いています。

また、魅力的な異性と一緒にいると、周囲からの評価が高まるという効果もあります。これも、自分の恋人を高く評価したい理由のひとつですね。

恋する相手には採点が甘くなる

左ページの表は、魅力を感じる異性についてのアンケート結果です。女性は男性の優しさと誠実さに

魅力を感じる異性はこんなタイプ

順位	女性が選んだ魅力ある男性		男性が選んだ魅力ある女性	
	項目	%	項目	%
1	思いやりのある	61.5	明朗な（明るい）	63.6
2	やさしい	60.2	清潔な	60.1
3	誠実な	59.1	素直な	54.4
4	生き生きしている	58.4	やさしい	53.9
5	明朗な（明るい）	51.5	思いやりのある	52.6
6	清潔な	49.8	健康な	50.0
7	健康な	47.6	生き生きしている	45.6

女性は男性のやさしさと誠実さに魅力を感じるが、男性は女性の明るさや清潔感、素直さに魅力を感じる。男性と女性とでは、魅力を感じる異性のタイプに違いがあることがわかる。

魅力ある異性の印象・人柄（松井ほか,1983）

魅力を感じており、男性は女性の明るさや清潔感、素直さに魅力を感じています。

男性と女性では、魅力を感じる異性のタイプに違いがあることがわかりますね。そして、恋愛感情が生まれると、この尺度が甘くなり、恋愛対象の人物がもっている魅力がもっともすばらしいと思えてくるのです。

恋する相手が世界で一番魅力的なのです。

恋は盲目って
いうからね♪

出会いが本物の恋に変わる4つのステップ

運命の人は4つのステップで見極められる

本物の恋とは、多くの時間を費やさなくては築けないものです。心理学者のワラスは、偉大な発見や発明は、すべて4つのステップを経て成立すると主張しました。4つのステップとは、次の通りです。

1　準備期（情報を収集する）
2　孵化期（しばらく寝かせて情報を検証する）
3　啓示期（ひらめく）
4　検証期（確認する）

恋愛も、この4つのステップに沿って進行していきます。

1　準備期（相手の仕事や生い立ち、性格などの情報を収集する）
2　孵化期（情報を念頭に置き、実際にデートを重ねて相手を知る）
3　啓示期（「この人が運命の人かもしれない」とひらめく）
4　検証期（相手やまわりの反応を見ながら、その恋を検証する）

相手のことを「運命の人だ」と感じるのは3の啓示期にあたります。恋愛は、出会ってすぐに「この人だ！」とひらめくものではなく、相手をよく知り、理解したうえで訪れるものなのです。

では、この啓示期を迎えるためにもっとも大切なことは何でしょうか。それは2の孵化期の過ご

本物の恋に変わる4ステップ

1. 準備期
相手の仕事や生い立ち、性格などの情報を収集する
2. 孵化期
情報を念頭に置き、実際にデートを重ねて相手を知る
3. 啓示期
「この人が運命の人かもしれない」とひらめく
4. 検証期
相手やまわりの反応を見ながら、その恋を検証する

し方です。孵化期に相手とどんなふうに関係を築いてきたかによって、啓示期が訪れるかどうかが決まるのです。そうはいっても、孵化期が長ければよいというものではありません。

孵化期は密度を濃く過ごすのが大切

恋も卵と同じで、あたためすぎると腐ってしまいます。肝心なのは、孵化期の密度を濃くすることです。つまり、孵化期にしっかりとコミュニケーションをとり、相手のことを十分に理解しておくことが大切です。

相手を好きだという気持ちに流されると、すぐに啓示期に移行してしまいますが、そうすると、お互いの性格や人生観を確かめ合う機会を逃してしまいます。

孵化期にしっかりと必要な情報を得ることが、啓示期を迎えるためには不可欠なのです。

Column

好きになれば相手も自分を好きになる

好意の返報性

自分がある人に対して好意を抱いていると、その人から好意をもたれるようになることがよくあります。逆に、ある人を嫌いになると、その人から嫌われることになりがちです。

このような現象を**好意の返報性**といいます。

人は、自らの評価を高めようという欲求をもっており、他者から好意を寄せられたり、自分を高く評価してもらったりすると、この欲求が満たされると説明されています。つまり、自分を好きになってくれた人は、自尊心を満たしてくれるので好きになりやすいのです。

左ページのテストはアメリカの心理学者**ルービン**が考案した好意度を調べるためのテストです。

あなたのある人への好意度はどれくらいでしょうか？　ぜひ試してみてください。

好き嫌い度テスト

このテストでは、あなたのある人に対する好意度がわかります。
（　　）の中にその人の名前を入れ、あてはまるものをチェックしてください。

- □（　　）さんと一緒だと、いつも息がぴったり合う
- □（　　）さんはとても適応力のある人だと思う
- □（　　）さんなら責任のある仕事に強く推薦できる
- □（　　）さんはとてもよくできた人だと思う
- □（　　）さんの判断のよさには全幅の信頼をおいている
- □（　　）さんと知り合いになれば、すぐに彼（彼女）が好きになると思う
- □（　　）さんと私はお互いにとてもよく似ている
- □グループのなかで選挙があれば、私は（　　）さんに投票するつもりだ
- □（　　）さんはみんなから尊敬されるような人物だと思う
- □（　　）さんはとても知的な人だと思う
- □（　　）さんは私の知り合いのなかでもっとも好ましい人物だと思う
- □（　　）さんのような人物になりたいと思う
- □（　　）さんは賞賛の的になりやすい人だと思う

解説

好意度の目安は以下のようになります。
- 無条件で好き→チェック項目10個以上
- 好意がもてる→チェック項目5～9個
- 好きではない→チェック項目4個以下

デートに欠かせない3S

3Sは相手に伝わる愛着行動

「愛着」という概念は、イギリスの精神医学者、**ジョン・ボウルビィ**が考え出したものです。

愛着は「人間や動物が示す特定の対象や物に対して形成する情緒的結びつきのこと」と定義されており、もともとは親子関係を表す言葉でした。

ボウルビィは、愛着を深める行動として、接近、接触、微笑などを挙げ、これらのことを「**愛着行動**」と名づけました。

この愛着行動の中にある「視線（Sight）」「ほほ笑み（Smile）」「スキンシップ（Skin-ship）」という3Sもそうです。

赤ちゃんはほほ笑めば母親がほおずりしてくれることを学習します。ほほ笑みは相手に好意を表すサインですから、それを相手に示しましょう。

また、人と話すときに目を見て話すように言われますね。これは、視線を合わせることで、話に関心があることや、好意があることを伝えることができるからです。

スキンシップの大切さについては、次のような実験があります。

カーテン越しに握手をして、どんな印象だったのかを調査するというものです。

結果は「会ってみたい」「温かみを感じた」など、ほとんどの人がよい印象をもちました。

このように、スキンシップはイメージアップに効果的です。

デートではぜひ、3Sを意識しましょう。

3Sの効用

視線（Sight）
相手への関心を示すことができる

ほほ笑み（Smile）
相手への好意を表すことができる

スキンシップ（Skin-ship）
相手に温かみを感じさせること
ができる

**3Sは、人間が本能的に受け入れたくなる行動のため、
恋愛には効果的**

Column

メールより手書きで思いをこめる

デジタル化の時代こそアナログで気持ちを伝えよう

現代はデジタルの時代ですから、携帯電話、パソコンのメールで手軽に思いを伝えることができます。しかし、やはり手書きのメッセージにはかないません。手で書いた字には、その人の性格や人柄、教養や心理状態など、さまざまな情報が詰まっています。

そして、読んだ人は、相手の肉筆の温かみを感じるのです。また、「自分のために手間をかけてくれた」という思いも生まれますね。

たとえば、マッサージ店などのお店からキャンペーンハガキが届いたとき、2～3行の手書きメッセージが書かれていたら、それだけで印象が変わりませんか？

「あの人が書いたんだ」と思ってもらえる

ほんの少しのメッセージでも、「あの人が書いたんだ」というイメージが伝わるのが大切です。

美しくて立派な文章である必要はありません。

達筆でなくても、ゆっくりと丁寧に文字を書けば、それだけで相手に伝わります。

季節の挨拶や、節目節目の大切な記念日には、筆まめになって、ときには手紙やハガキを送ってみてはいかがでしょうか。

たくさんしたためた文章より、ひと言のメッセージのほうが伝わることもあるよね

二人が親密になる場所とシチュエーション

暗い場所は二人の仲を深める

暗い場所に一緒にいると親密度が増すことは、実験でも証明されています。

実験では、明るい部屋と暗い部屋を用意し、その両方に複数の男女を一時間閉じ込めます。そして、それぞれの部屋のグループの行動を観察しました。すると、明るい部屋の男女はお互いに離れて座り、その場所から動かず会話をしました。

一方、暗い部屋の男女は、最初のうちは明るい部屋にいたグループと同じような行動をしましたが、時間がたつにつれて会話が少なくなり、場所を移りはじめました。そして、異性同士で身体に触れ合ったり抱き合ったりするようになりました。

薄暗い照明のお店で横並びに座るのがおすすめ

人には、他人に自分をさらけ出さないよう防御する心理があるものですが、暗闇の中にいると、その心理が弱くなるため、親密感が一気に高まるのです。

この点を踏まえると、一度目のデートに適した場所は映画館です。横並びはもっとも親密感を高められる座り方ですから、その点でもおすすめです。

ほかには、照明を抑えた薄暗いお店へ食事に行くのもよいでしょう。バーやラウンジのカウンターに座れば、一気に距離も縮まります。

人間の基本欲求である食欲は、性欲とも密接につながっており、おいしい食事をとることは、幸福の共有につながり、親しくなりやすくなります。

親密になれる場所とシチュエーション

ジェットコースター
スポーツ
展望台
高層ビル

映画館
バー
ラウンジ

“薄暗い”“横並び”
“心臓がドキドキする場”がポイント

Column

ドキドキする場所も親密度を高める

暗い場所のほかに、ドキドキする場所も親密度が増すデートスポットになります。これは**錯誤帰属（吊り橋効果）**を利用したもので、何らかの原因でドキドキしているときに異性がそばにいると、その異性を好きだと勘違いしてしまう効果のことをいいます。

この効果が期待できるシチュエーションは、遊園地のジェットコースターや、汗をかくスポーツを行ったり、観戦したりすること、そのほか、高いところがあまり得意ではない人の場合は、展望台や高層ビルのレストランで食事をするのもよいでしょう。

愛情の深さは恋人の財布でわかる

財布はその人の小世界を表す

あなたは、恋人の財布をじっくり見たことがあるでしょうか？

恋人の財布を見れば、性格や愛情の深さをある程度知ることができます。なぜなら、心理学的に、財布は、自分自身の小世界を表しているからです。

たとえば、財布の中をいつもきれいにしている人がいます。

クレジットカードも、普段使うものだけを厳選し、余分なポイントカードや会員証などは入れておかないように心がけている。そういう人は、お金だけでなく、自分の生活もしっかりとコントロールできる人です。

一方で、財布に1年前の領収書から期限切れになったポイントカードまで、あれこれ詰め込んでいる人がいます。そういった人は、心配性で所有欲が強い傾向があります。

なかには、高い財布を使っている人もいます。高価な財布を使うことは、一見浪費家にも思えますが、大切なお金を保管する財布に投資をする人は、じつは経済観念がしっかりしていてお金も大切にするタイプです。結婚に金銭的安定を求めるなら、立派な財布をもっている人がおすすめです。

時々、財布をもたずにお札をそのままポケットに突っ込んでいる人がいますが、この場合は要注意です。現実からの逃避願望が強い傾向があります。

財布の中にお金を整理して入れることによって、自分がいまいくらもっているのか知ることが怖いのです。

財布でわかる性格タイプ

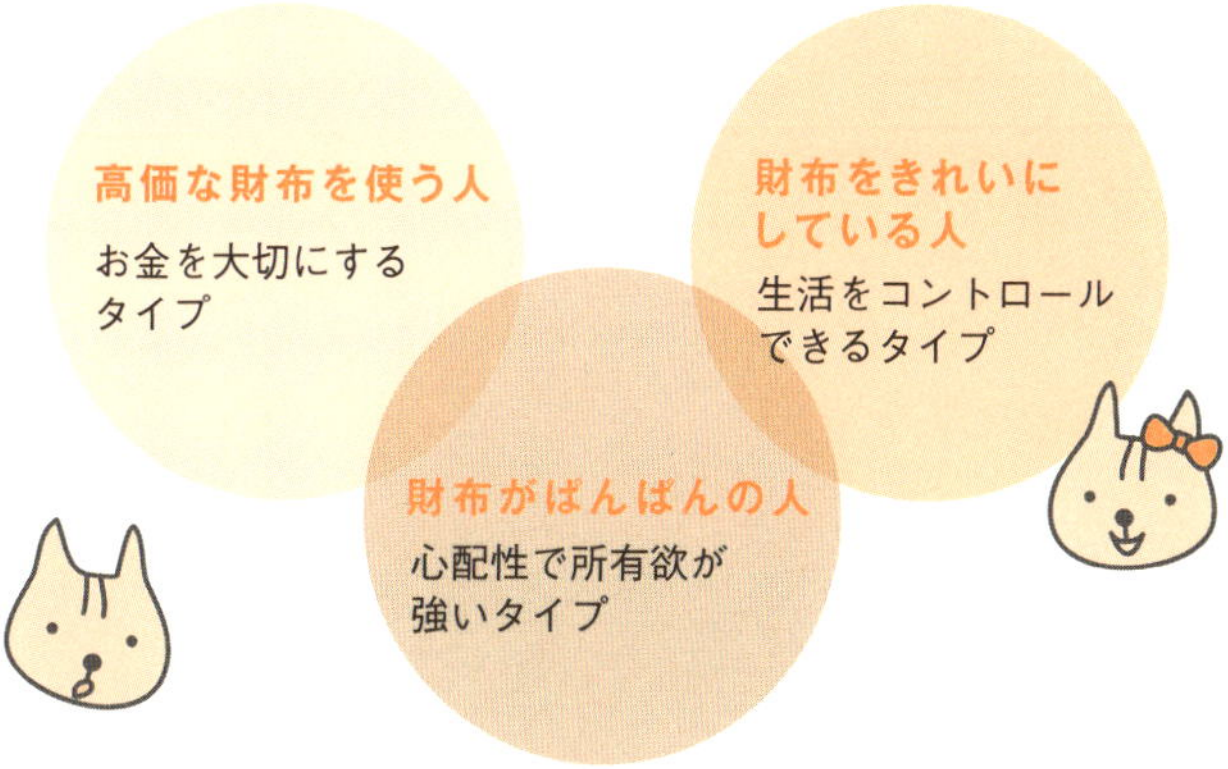
高価な財布を使う人
お金を大切にするタイプ
財布をきれいにしている人
生活をコントロールできるタイプ
財布がぱんぱんの人
心配性で所有欲が強いタイプ

金銭的安定を求めるなら、高価な財布をもち、中身をきれいにしている人をパートナーに

Column

お金は愛情に置き換えられる

お金は愛情に置き換えることもできます。つまり、お金を大切に扱う人は優しく、お金の勘定にうるさい人は、愛情もコントロールしたがります。財布の中身を細かくチェックしなくては気が済まない人は、愛情不足や恋愛に問題を抱えていることが考えられます。

ただし、お金を貯めることしか頭にない人だけは特別です。そういった人はお金を貯めれば貯めるほど愛情が減っていきます。

このように、お金との付き合い方、財布の使い方は、人の心の有様を如実に表すのです。

似たもの同士が夫婦になりやすい

結婚相手の第一条件は類似点が多いこと

結婚相手を選ぶとき、あなたは何がもっとも大切だと思いますか? ある結婚相手に関する調査では、次のような研究結果が報告されています。

結婚紹介所のコンピュータによって相手を紹介された後、結婚したカップルと、結婚しなかったカップルを比較するという研究です。それによると、類似点があるカップルのほうが、結婚にいたる可能性が高いという結果が出たというのです。

その比較研究の結果をまとめたのが、左ページの表です。趣味、性格、ものの考え方、体格など、いずれも大きな差があるカップルより、類似性の高いカップルのほうが結婚にいたることが多いことを示しています。たとえばまじめな人同士、行きあたりばったり同士、自信に満ちた者同士、心配性同士は結婚生活でもトラブルが少ないようです。

例外は機知に富む人と穏やかな人のカップル

この結果は、類似性の高いほうが親しくなりやすいという**類似性の法則**にしっかりと合致しています。結婚相手に限らず、私たちは自分と同じようなタイプの人と仲良くなりやすい傾向があります。

タイプの違う人に対しては不安を感じやすいので、どうしても敬遠しがちなのです。

唯一の例外は機知に富む人と穏やかな人がうまくいくという組み合わせです。この点に関しては、互いに補い合う**相補性**がカップルを結婚に導きます。

結婚相手は似た者同士

特質	差の度合い	結婚にいたること
スポーツの趣味	大きな差	少ない
身長	大きな差	少ない
優れた美術や音楽への趣味	女性より男性のほうが強い	少ない
愛情を求める欲求	女性より男性のほうが強い	少ない
具体的 — 抽象的	カップル一致 男性のほうが抽象的	多い 少ない
服従 — 支配	大きな差	少ない
まじめ — 行きあたりばったり	カップル一致	多い
自信に満ちた — 心配症の	カップル一致	多い
規律のない — 統制された	大きな差	少ない
のんびりした — 心の張りつめた	男性のほうが張りつめている	少ない
機智に富む — 穏やかな	カップル相補	多い

結婚相手選びは、性格の違いを補い合うことよりも、性格が似ていて、興味をもつものにも共通点が多いことが決め手になる。

結婚に導く要因（シンバーグ他）

愛は努力して育てるもの

三分の二の女性が「付き合わなくても結婚できる」

　あなたが未婚で、結婚相手を探していると想定しましょう。そのときに、こんな人が現れたと思ってください。男性なら、一流企業に勤務し、高学歴、高収入で、将来有望で容姿も優れている人。女性なら、美人で優しく、知的で家事もできる人。こんな人が現れたとして、付き合っていないその相手との結婚を勧められたら、あなたはどうしますか?

　このような質問に答えてもらうという実験が行われたことがあります。結果は三分の二以上の女性が「結婚する」と答えました。それに対し、男性で「結婚する」と答えたのは、全体の三分の一以下だったのです。男女に大きな違いが出ていますね。

努力しなければ愛は冷める

　このような結果が出たのは、女性の多くが「結婚してからでも愛情はつくることができる」と考えたためでした。

　愛情関係は、はじめからそこにあるものでも、なんとなくあるものでもありません。つまり、当人同士の努力がなければ成り立っていかないものなのです。

　人間と人間の関係も、心のつながりも、本来は不安定なものです。常に心をつなぎ続ける努力をしなければ愛は冷めてしまうものですが、男性はそこに気づかない場合が多いのです。

　愛情を維持していくには、愛情を示す態度や言葉が必要だということを、忘れずにいたいものです。

女性は愛を「築く」ものととらえている

付き合っていない
相手との結婚を
勧められた場合…
大丈夫。愛情は
結婚してから築こう

心をつなぎ続けるには、当人同士の努力が必要

態度や言葉で愛情を表現
し続けよう

Column

結婚は大きなストレスになる!?

ストレスに耐えられるくらいの絆が必要

交際期間が長く、ずっと仲のよかったカップルが、結婚したとたんにうまくいかなくなって破局を迎えてしまうケースがありますね。

別々に生活していた2人がいざ一緒に暮らすとき、新しい生活に適応するまでは大きなストレスを受けます。

左ページの表は、ホルムスとラーエがさまざまなライフイベントが、どの程度のストレスになるかを得点化したアメリカの実験結果です。それによると、「配偶者の死」を100とした場合、「結婚」のストレスは50となっています。63の「肉親の死」や53の「けがや病気」よりは低いものの、47の「仕事をくびになる」ことや「妊娠」「経済状態の変化」よりも高い数値ですから、結婚することで強烈なストレスを感じるということです。

結婚前に遠慮した関係を続けていると、結婚したときに、このストレスに耐えられなくなるのです。

おめでたいこともストレスになる

ライフイベント	生活変化単位	ライフイベント	生活変化単位
・配偶者の死	100	・息子や娘が家を離れる	29
・離婚	73	・義理の家族との不和	29
・配偶者との別居	65	・個人のめざましい業績・進歩	28
・懲役	63	・妻が仕事をもつ・やめる	26
・肉親の死	63	・学校が始まる・終わる	26
・けがや病気	53	・生活条件の変化	25
・結婚	50	・個人的習慣の修正	24
・仕事をくびになる	47	・上役との不和	28
・配偶者との和解	45	・労働時間・条件の変化	20
・退職	45	・転居	20
・家族の健康状態の変化	44	・転校	20
・妊娠	40	・余暇時間の変化	19
・性的な問題	39	・宗教の変化	19
・家族がふえる	39	・社会活動の変化	18
・仕事上の大きな再調整	39	・1万ドル以下の抵当または借金	17
・経済状態の変化	37	・睡眠習慣の変化	16
・親友の死	37	・家族や親戚が集まるときの人数の変化	15
・職場内での異動	36	・食習慣の変化	15
・配偶者との口論がます	35	・クリスマス	13
・1万ドルを超える抵当	31	・軽犯罪	11
・担保または貸付金の受け戻し権喪失	30		
・職場での責任の変化	29		

配偶者や肉親の死、離婚だけでなく、結婚や妊娠、昇進などのおめでたい出来事もストレスになる。生活の変化は大きなストレスを与えるといえる。

ライフイベントと生活変化単位（Holmes,Rahe,R.H.,1967）

円満な夫婦ほど、顔が似てくる

時間をともにするほど似てくる

あなたのまわりに、顔や雰囲気がとてもよく似ているカップルや夫婦はいませんか？

アメリカで、こんな実験が行われたことがあります。まず、結婚後25年たった数十組の夫婦に頼み、妻と夫がひとりずつ写っている結婚当初と最近の写真を用意します。

写真は結婚当初と最近のものに分け、この夫婦を知らない人たちに、どの女性とどの男性が夫婦かを当ててもらいます。すると、最近の写真のほうが当たった確率がはるかに高かったというのです。

夫婦の顔に、何か共通する部分が生まれていたのでしょう。長く時間をともにしていると、顔だけでなく、口調やしぐさまで似てきます。このように、家族や恋人、友人など、ほかの人のしぐさや行動を観察して真似することを**モデリング現象**といいます。

夫婦の顔が似てくるのも、モデリング現象が起きて、表情が似てくるためです。表情は、顔についている筋肉でつくられるものですから、表情のつくり方が似てくれば、もともと共通項のない顔でも、似ているように見えるのでしょう。

人間は、無意識のうちに好きな人の真似をする生き物です。

実際に会うととても似ている恋人や夫婦は、長年の生活でお互いに共通項が生まれたことで、話し方や細かや表情、しぐさが合致しているのです。ただし、円満である場合というところを強調しておきましょう。

夫婦が似る原因はモデリング現象

人は無意識のうちに
好きな人の真似をする
夫婦が長く時間をともにしていると、同じ口調やしぐさ、表情が似てくる
＝モデリング効果

円満な関係の場合、長年の生活でお互いに共通項が生まれ、それが似ていく要因になる

円満じゃなかったら違うのかなぁ

恋愛・結婚が長続きする法則

長く付き合いたい相手に遠慮は禁物

我慢の多い恋愛は、短命になりがちです。二人の関係を持続させるために、どちらかが妥協しなければならないという状況が続くと、関係を長続きさせることはできません。

どちらかが妥協しなければならない問題が生じたときには、喧嘩になってもいいので、お互いにしっかりと話し合うべきです。短期的に見ればトラブルを長引かせることになりますが、長期的にはいい結果をもたらすのです。

ある寓話があります。冬山にヤマアラシがいるのですが、寒いので体を寄せ合おうとすると、その気はないのにお互いを傷つけあってしまうのです。しかし、体を傷つけないように離れていると寒い。このような状況を、**ヤマアラシ・ジレンマ**といいます。

恋愛を長続きさせるには、こうしたジレンマを体験する必要があります。どちらかが妥協すれば問題は解決しますが、不満は残ってしまう。しかし、どちらも妥協しなければ、いつまでも問題は解決しません。

こうした状況を何度も経験し、仲直りを体験することで、次第にお互いのとるべき距離感がわかってきます。つまり、どうすることが2人にとって最善の選択なのかがわかってくるのです。

2人の間に生じる問題やトラブルを恐れる必要はありません。2人の関係を深めていくきっかけだととらえるようにしましょう。

ヤマアラシ・ジレンマは深い絆づくりに不可欠!?

ヤマアラシ・ジレンマ＝二人の間の快適な心理的距離を見つけるために葛藤すること

どちらか一方が我慢してばかりはＮＧ
どちらも妥協しないのもＮＧ

恋愛を長続きさせるには、
ジレンマを何度も体験し、仲直りを繰り返すこと

自分の正直な思いをさらけ出しながら、相手に思いやりをもてる関係が理想だよね

私たちは、普段何気なく言葉を使っていますが、
言葉にはその人の人間性が表れます。
恋愛が長続きするかどうかは、言葉の選び方や態度にも大きく影響します。
次のチェックリストは、好かれる話し方ができているかどうかを確認するものです。
どれくらい○がつくのか、ぜひ試してみてください。

11 うれしいときにはうれしいと言ったり、
喜びや楽しさの表現は豊かにしている

12 怒りや悲しみは、人にぶつけたりしない

13 誰に対しても、礼儀は大切にし、
言葉づかいには気をつけている

14 人の悪口や噂話はしない

15 話すときには、髪や顔には触れたりせず、
手つきは落ち着いている

話す態度や言葉づかい、聴くときの態度が、あなたのモテ度も左右するのです。

好かれる話し方ができていますか？

01 相手の話をしっかり聞いている
02 TPOに応じて言葉づかいを変えられている
03 発音をはっきりとしながら話している
04 イキイキと話すよう心がけている
05 相手の目を見て話すようにしている
06 話をするとき、相手に身体を向けている
07 あいさつをきちんとしている
08 相手をほめるよう心がけている
09 相手の話にあいづちを打ったり、質問をする習慣がある
10 日常の敬語はしっかりマスターしている

解説

○が12個以上ついた人は、好かれる話し方ができるよう、意識していますね。
○が5つ以下の場合は要注意。話し方は、好きな相手以外にも、さまざまな人に見られています。

恋愛は、自分を知ること、
相手を知ることから
はじめよう！
付録の12の心理テストは、
うしろのページから
はじまっているよ

A　Aはオープン、Bは権威主義、Cは甘えんぼうの彼

解　説

選んだテーブルから、彼がどんな性格なのか、彼女とどのような付き合い方を望んでいるのかがわかります。

Aを選んだ人は、公平で、世話好きで、親しみがあり、話をよく聴いてくれるオープンな人柄とみなされます。彼女には何でも話し合える相手になってほしいと願っています。

Bを選んだ人は、権威主義的で、攻撃的であるとみなされます。自分の言うことを聞いて、尽くしてくれる女性を求めています。

Cを選んだ人は、親密で、開放的で、協力的であるとみなされます。言葉より、身体接触によるコミュニケーションが多くなるこの位置を選ぶ男性は、一緒にいると甘えられ、安心できる母性的な女性を求めています。

心理テスト 12

喫茶店でデートをすることになりました。

待ち合わせ間際で飛び込んできましたが、

彼女はまだ来ていません。

店の中には、イラストのようなテーブルが置いてあります。

A～Cのうち、どのテーブルで彼女を待ちますか？

A

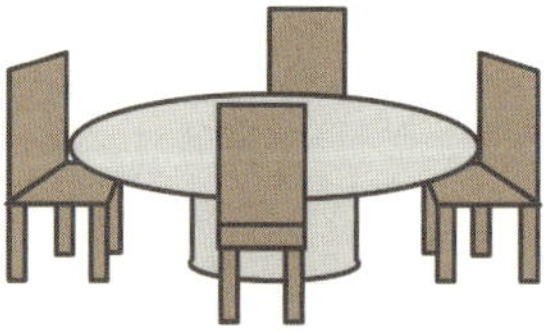

B

C

A　Aは自己防衛タイプ、Bはお山の大将タイプ、Cは合理的タイプ

解　説

Aの一番奥を好む人は、自己防衛的なタイプです。この場所は自分のテリトリーを確保するのに最適ですが、その反面、殻に閉じこもる傾向があります。

Bの真ん中を好む人は、トイレを独占し、他人の侵入を妨げようとするお山の大将的な性格の持ち主です。上昇志向の人に多いといえます。

Cの洗面所の近くを好んで使う人は、他人の行動に無頓着で、近いところで用を済ませようとする合理的人間です。人脈などのテリトリーづくりに無関心な一面があります。

心理テスト 11

男子トイレに入ったとき、あなたならどこを使いますか?

あるいは、あなたの彼なら、どこを使うと考えますか?

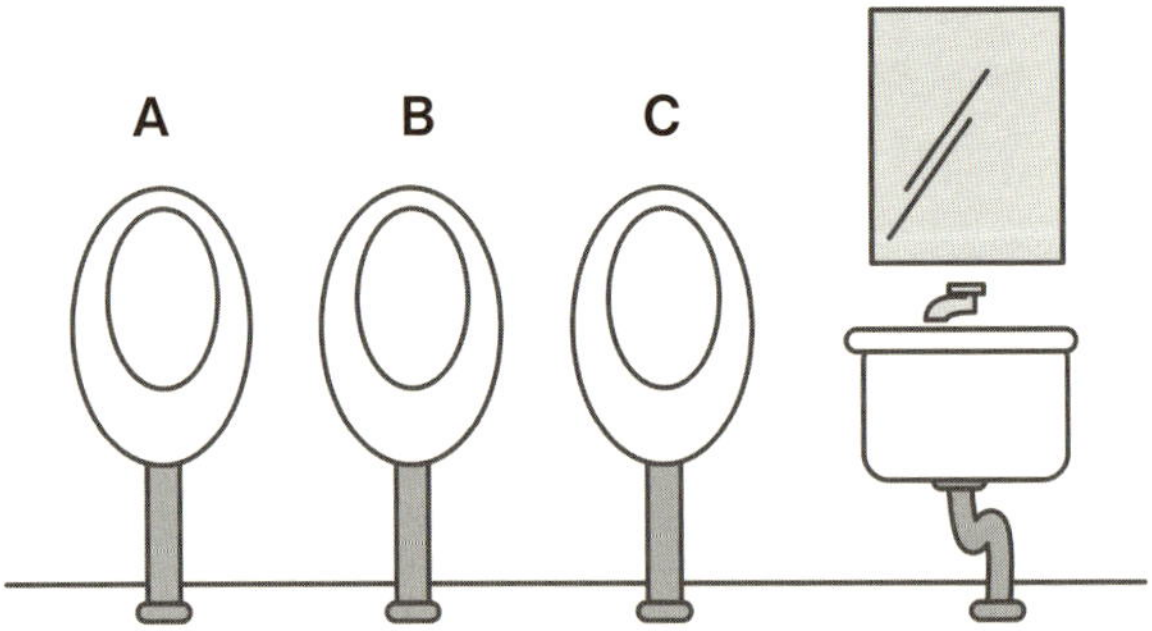

A 瞳を大きく描いた人は、彼女から愛されていると思っている

解 説

人は好意を抱いている相手と興味のある話をしているときには瞳が大きく見開いています。また、瞳が大きく開いている人は、信頼でき、快活で、話しやすい人だとみなされます。

瞳を大きく描いた男性は、「彼女は自分を愛している」と感じています。彼女を信頼しており、明るくて話しやすい女性だと惚れ込んでいるのです。

瞳を小さく描いた男性は、「彼女は自分を好きではないのではないか」と感じています。彼女とのこれからの関係に不安があるのではないでしょうか。

心理テスト 10

この女性の目には瞳が描かれていません。あなたの彼女をイメージして、彼女にふさわしい大きさの瞳を描き入れてください。

A 彼女の右側を選んだ男性は亭主関白タイプ

解 説

一般的に、人は右側が男性的で、左側が女性的というイメージをもっています。一般的なマナーでいえば、床の間に向かって左側が上座で、右側が下座だとされています。

また、かつて左大臣は右大臣より上に位置していました。

このことから、実際には当事者の右側のほうがより優位であることがわかります。

彼女の右側に立った彼は、彼女より優位な立場であることを意識しており、リーダーシップをとろうとするタイプです。亭主関白候補といえます。

彼女の左側に立った彼は、彼女を優位な立場に置こうとするタイプです。フェミニストで、結婚すると妻の尻に敷かれる夫になる可能性が高いといえます。

心理テスト 9

ハイキングに行ったとき、セルフタイマーを使って、彼女と二人で記念写真を撮ることになりました。カメラをセットしてから、彼女のそばに飛んでいきました。

そのとき、男性のあなたは彼女のどちら側に立ちますか?

A あてはまるものが多い人は聴き上手

解 説

自己開示（自分自身に関する正しい情報を他者に言葉で伝えること）を引き出しやすい人のことをオープナー（opener）といいます。

設問にあった項目は、すべてオープナーの特徴を表しています。

オープナーの人が話をするときによくみられる特徴には、次のようなものがあります。

①相手としっかり目を合わせて話す

②相手の話を聴くときには、肯定的な表情（穏やかで好意的）をしている

③相手の話に興味や理解を示す反応を頻繁に行う

オープナーの度合いが高い人は、男女ともに人気があるといえます。

心理テスト 8

人と話をするときの自分に当てはまる項目はいくつありますか。

①打ち明け話をされることが多い

②聞き上手と言われる

③自分といると相手はくつろいだ気分になるようだ

④人の話を聞くのが好きである

⑤相手が何を考えているのか話すように促すことがある

A 正解は①③④

解説

嘘をついている人は、動揺を悟られないようにするため、手の動きを抑える傾向があります。これには①と④があてはまります。そのほかに、動揺を静めるために手で顔を触るという③の行為もみられます。

「怪しい」と思ったら
手を見よう

心理テスト 7

嘘をついているときにみられる動作を、すべて選んでください。

①手を体の後ろに回しながら話す

②腕組みをして話す

③話しながら手で鼻や口のまわりをさわる

④もみ手をしながら話す

⑤腰に手をあてて話す

A　正解は④　お互いに関心がある

解　説

この2人の体制は、横に並んで、足を相手の方向に組んでいますね。このような姿勢は「ブックエンディング」と呼ばれています。これは、相手に関心をもっていることを示しており、お互いに向き合う状態になりやすいので、会話が起こりやすい姿勢といえます。

心理テスト 6

イラストを見てください。
男女の気持ちは①〜⑤のどれでしょうか。

①お互いに無関心

②男性は女性に関心がある

③女性は男性に関心がある

④お互いに関心がある

⑤恋人同士

A　男性らしさ、女性らしさがわかるテスト

解　説

このテストは、あなたの男性らしさ、女性らしさをはかるもので、M項目は男性性、F項目は女性性の得点を表しています。

F得点よりM得点が高い人は、男性はもちろんのこと、女性であっても男性度が高く、男性的な言動が多く見受けられます。F得点が高い人は、その逆です。

このような性度は、育った環境やしつけなどによってつくられると考えられています。

心理テスト 5

下の項目であなたに当てはまるものをすべて選んでください。

（M 項目）

①自己主張できる
②たくましい
③積極的である
④判断力がある
⑤自信がある
⑥行動力がある
⑦人に頼らない
⑧自主的である
⑨信念をもっている
⑩行動範囲が広い

（F 項目）

①人に尽くす
②いつもにこやか
③愛敬がある
④人に気を配る
⑤陽気である
⑥かわいげがある
⑦よく気がつく
⑧献身的である
⑨ひたむきに人を愛する
⑩気持ちが細やかである

A 嫌われる答え方をしていませんか?

解 説

A どうしてすねるんだ(怒りながら)

B 泣いたってどうしようもない

C 感情的にならないでくれよ

D もっと客観的に考えよう

E いま、仕事のことで頭がいっぱいなんだ

例として、女性は上記のような回答を嫌います。

あなたはそれぞれ、どのような言葉を用意しましたか?

上記と似たような回答が3項目以上ある男性は、知らず知らずの間に女性を傷つけている可能性が高いといえます。

男女間でトラブルがあったとき、男性は、①自分勝手に結論を出さない、②仕事に逃げない、③じっくり話し合う姿勢を相手に示すということをぜひ意識しましょう。

心理テスト 4

カップルがケンカをしています。A～E のように女性になじられた場合、あなたが男性ならどう考えますか。

A　女「……」（何も言わずにすねる）

B　女「……」（何も言わずに泣く）

C　女「そんなことして、私をどれだけ傷つけているかわかっているの」

D　女「わかり合えないので、もう、どうしていいのかわからない」

E　女「どうして、いつも自分のやり方を押し通そうとするの」

A　ゾウは真面目タイプ、ラクダはユーモアタイプ

解 説

①を選んだ人は、真面目タイプです。誠実さが最大の特徴で、どのような場面でも真面目に対応しようとします。社会生活やビジネスの場面では、あまりに正直すぎて損をすることがあるかもしれません。恋人がいる人もいない人も、人付き合いに心を開くよう心がけるとよいですね。

②を選んだ人は、とっさの出来事にも余裕の態度で対処します。ユーモア精神で、人間関係をスムーズにすることができるので、人付き合いが上手で社交的です。

心理テスト 3

重い荷物を背負っても平気なのは、どちらの動物だと思いますか。

①ゾウ

②ラクダ

A　「何かとお世話になるかもしれません。そのときはよろしくお願いします」

解　説

あなたにもっとも好感をもったのはCさんです。

プレゼントを贈るときには、思惑のないひと言が大切です。

Cさんからは公正な人であると思われ、好感度が高くなります。

Aさんへの言葉の場合は、交渉のためにプレゼントを持参されたことになるので、好感度はもっとも低くなります。

Bさんの場合は、後で何かを要求されるかもしれないと警戒される恐れもあるので、好感度が高いとはいえません。

心理テスト 2

あなたは初めて会う人にプレゼントを用意し、次のような言葉を添えて渡しました。A、B、C の人のうちに、あなたにもっとも好感をもったのは誰でしょうか。

A さんへ

「お願いしたいことがありまして、おうかがいしました」

B さんへ

「今日はご挨拶にうかがっただけです」

C さんへ

「何かとお世話になるかもしれません。そのときはよろしくお願いします」

A　あなたが大切にするのは愛情?　それともお金?

解説

①のシャツを選んだ人は、愛情を大切にする人です。シャツの皺や汚れを気にする女性は母性的。一方、シャツを気にする男性は、女性的な性格の持ち主です。

②の靴を選んだ人は、経済的な側面を大切にする人です。とくに靴にお金をかける女性は、贅沢したいという願望があります。靴は権威や権力の象徴でもあるため、靴にこだわる男性は上昇志向が強いといえます。

心理テスト 1

話をしているとき、相手の何が気になりますか。

①シャツが気になる

②靴が気になる

ここでは、自分と相手のことを知る
12の心理テストをご紹介します。
楽しみながら直感に従ってテストに
取り組んでみましょう。

付　録

心理テスト

索引 index

索　引

【著者紹介】

渋谷昌三（しぶや・しょうぞう）

◉——1946年、神奈川県生まれ。東京都立大学大学院博士課程修了。心理学専攻、文学博士。山梨医科大学教授を経て、現在、目白大学教授。

◉——非言語コミュニケーションを基礎とした「空間行動学」という研究領域を開拓し、人のしぐさや行動から深層心理を探ることを中心テーマとしている。また、扱うジャンルは、恋愛心理学からビジネスや人間関係の心理学まで幅広い。

◉——おもな著書に『手にとるように心理学がわかる本』（かんき出版）、『しぐさ・ふるまいでわかる相手の心理』（日本実業出版社）、『怖いくらい当たる「心理テスト」』（三笠書房）、『リーダーシップのある人・ない人』（PHP研究所）などがある。

編集協力—星野友絵

人《ひと》には聞《き》けない　恋愛《れんあい》心理学《しんりがく》入門《にゅうもん》　〈検印廃止〉

2012年3月19日　第1刷発行
2013年6月21日　第5刷発行

著　者——渋谷　昌三©
発行者——斉藤　龍男
発行所——株式会社かんき出版
東京都千代田区麹町4-1-4西脇ビル　〒102-0083
電話　営業部：03(3262)8011㈹
　　　編集部：03(3262)8012㈹
FAX　03(3234)4421　　振替　00100-2-62304
http://www.kankidirect.com/

印刷所——大日本印刷株式会社

乱丁本・落丁本は小社にてお取り替えいたします。

ISBN978-4-7612-6823-7 C0011